제법 괜찮은 리더가 되고픈 당신에게

제법 괜찮은 리더가 되고픈 당신에게

전 현대자동차그룹 부사장이 17년 간 후배들에게
3,000여 편의 편지를 쓴 이유

장동철

PlanB
DESIGN

차례

삶 life

**당신의
시선
그 너머**

삶 life

당신을
지탱해준
일상

일 work

당신은
좋은
리더입니까

일 work

어떤 마음,
어떤 가짐

뒤늦게 도착한 답장

추천사

전 현대자동차 대표이사 | 김충호

치열한 회사생활을 하면서 확고한 가치관과 철학을 갖고 17년이란 긴 세월 동안 〈아침편지〉를 통해 후배와 소통한다는 일 자체가 쉽지 않다고 봅니다. 우선 책 내용 자체에서 진정성을 느낄 수 있으며 평범하면서도 우리의 마음을 움직이는 내용이 많아 독자에게 행복한 감동을 주리라 믿습니다.

저자와 30년 가까이 생활하면서 회사 및 후배 사랑에 전력을 다하는 모습을 보며 많은 감동을 받았는데 이번에 책으로 다시·볼 수 있게 되어 더욱 감사하고 기쁩니다. 관심 있는 후배 및 독자들로부터 많은 사랑을 받으리라 확신하며 그간 노고에 경의를 표합니다.

전 현대자동차 상용차 부문 담당 사장 | 한성권

30년간 현대차에서 같이 근무한 장동철 작가는 사원 때부터 임원까지 항심(恒心)을 유지하는 한결같은 동료였습니다. 상사에게 신뢰받고 동료에게 사랑받으며 후배에게 존경받는 직장에서 보기 드문 사람으로 기억합니다.

우직하면서도 예리한 시각을 보유하여 현대차 그룹의 글로벌화에 많은 기여를 했습니다. 이제 작가로서의 제2의 인생 출발에 아낌없는 성원의 박수를 보냅니다.

한림대 석좌교수 | 송호근

편지를 받는 것은 즐거운 일입니다. 두근거립니다. 그런데 상사로부터 온 편지는? 일단 거리를 둡니다. 그 거리를 단축하는 일은 한국사회에서, 더욱이 대기업에서 쉽지 않습니다. 경제 전선의 최전방에서 보낸 편지에 얼굴을 모르는 익명의 사원들이 화답한 작은 혼불이 모락모락 피어나는 것은 기적입니다. 〈아침편지〉에는 기적을 일궈낸 20여 년의 여정이 담겨 있습니다.

프롤로그

'내가 인사 팀장이라니!'

예상치 못한 승진이었습니다. 현대자동차 재직 시절, 조금은 이른 시기에 팀장을 맡게 됐습니다. 누군가는 부러워했고, 또 누군가는 축하해 줬지만, 전 며칠간 잠을 이루지 못했습니다. 리더가 될 준비가 되어있지 않았거든요. 여러 날을 뜬 눈으로 하얗게 보내다가 서점에 갔습니다. 리더십 관련 책을 여러 권 구입했습니다. 고민으로 하얗게 지새우던 밤을 독서로 채웠죠. 그러다 영감을 얻었습니다. 그건 바로 편지였습니다.

편지를 쓰기로 했습니다. 구성원과의 공감대를 위해서였습니다. 조직의 성과는 리더와 구성원의 정서적 공감대가 잘 형성됐을 때, 더 높이 끌어올릴 수 있다고 판단했습니다. 매일 아침, 출근시간보다 한두 시간 일찍 출근했습니다. 텅 빈 고요한 사무실에 앉아 편지를 썼습니다. 마감 시간도 나름 있었습니다. 직원들이 출근하기 전에 써서 이메일로 보내는 거였죠. 직원들에게 쓰는 아침편지에는 마감시간 외에도 세 가지 원칙이 있었습니다.

하나, 수신 대상은 조직의 구성원들로 한정한다.

둘, 내용은 사전에 준비하지 않고 작성하려고 앉았을 때 떠오르는 이야기로 쓴다.

마지막은, 업무 얘기는 철저히 배제한다는 거였습니다.

매일매일 모니터 앞에 앉아 이 원칙을 곱씹으며 편지를 써 내려갔습니다.

아침마다 상사에게 편지를 받는다면 어떨 것 같나요? 대부분 의아하고 부담스러울 겁니다. 아예 읽지 않고 휴지통으로 옮겨버리는 사람들도 있을 거고요. 저와 함께 일한 구성원들은 이런 의심을 했을지도 모릅니다.

'새로운 시도를 하려는 것 같긴 한데, 과연 얼마나 갈까?'

저는 첫 직장이었던 현대자동차그룹에 신입사원으로 입사해서 29년간 근무했고 부사장이란 직책을 마지막으로 회사를 떠났습니다. 이 중 제가 편지를 쓴 기간은 17년이고, 어림잡아 3,000편이 넘습니다. 조직을 리드하기 위해 글을 쓰기 시작했지만, 편지는 제 자신을 성찰하며 리더로 성장하기 위한 과정이기도 했습니다.

편지를 쓰지 못한 날이면 구성원들이 되레 허전하다고 했습니다. 어떤 후배는 역으로 편지를 보내오기도 했습니다.

'그냥 예의상 하는 말과 행동이겠지!'

이렇게 치부해 버릴 때도 있었지만, 결국 이 책도 그들의 강력한 제안으로 만들어진 결과물이 됐습니다. 퇴직 후 찾아오는 후배들이 늘 아침편지를 화두에 올리며 출판을 제안했기에 가능한 일입니다.

고민 끝에 아침편지를 책으로 출간하고자 했을 때, 3,000여 편의 글을 꺼내 다시 읽어보았습니다. 직장 후배들에게 개인적인 이야기를 편안하게 전달한 글이었기 때문에 나를 모르는 독자에게 이런 글이 읽혀진다는 게 부끄럽더군요. 초고 정리를 마친 지금도 걱정이 앞섭니다. 글 안에는 시대와 직책에 따른 괴리감이 있을 수 있습니다. 하지만 시간이 흘러도 직장인의 삶에는 닮은 점이 많다고 생각합니다.

운이 좋게도 29년간 대한민국이란 작은 나라에서 시작된 한 기업이 글로벌 기업으로 성장하는 과정을 함께 했습니다.

직장인으로서 이보다 근사한 경험이 또 있을까요?

그러나 멋진 성취감이 제 직장생활을 완성시켜 준 건 아니었습니다. 힘든 순간마다 매일 아침식사를 챙겨주는 아내와 사랑스러운 세 딸을 생각하며 버텨냈습니다. 대부분의 직장인은 회사의 발전과 성장을 위해서 열심히 일을 하지만 궁극적으로는 가족의 행복과 자신의 성취를 위해 일합니다. 저 역시도 그랬고요.

책은 이 점을 반영해 일과 삶이라는 영역을 크게 나눠서 분류

했습니다. 성장을 위한 인생, 직장에서 일하는 방식과 태도, 리더십에 대한 고민, 가정 생활과 소소한 행복 그리고 세상에 대한 개인적인 시선을 담았습니다. 세상은 빠르게 변하고 요즘 직장인들은 과거와는 다른 어려움과 고민을 안고 살아가고 있습니다.

원고를 수정할 때, 다시 한 번 편지를 쓰는 마음으로 책상에 앉았습니다. 통일된 방향성과 명확한 메시지가 없을 수도 있습니다. 다만, 이 책을 읽는 모두에게 따뜻한 찰나의 순간이 전해지는 편지가 되었으면 합니다.

먼저 지난 32여년 동안 건강하게 직장 생활을 지켜주신 하나님께 감사드려야 할 것 같습니다. 그리고 늘 푸른 상록수처럼 같은 모습으로 항상 곁을 지켜준 아내에게 감사를 느낍니다. 마지막으로 저의 부족함 마저 장점으로 보아주며 응원해 주었던 직장 후배들에게 감사하며 이 책을 드립니다.

2022년 10월
장동철

삶
life

―――

당신의 시선 그 너머

매일 편지를 통해서 후배들에게 꼰대의 경험을
이야기합니다. 조금 앞서 살았고 조직 내에서
상사였다는 이유로 그날마다 아침의 생각을
전달하며 때로는 감히 당부까지 합니다. 어디서 한
번은 들어보았을 평범한 이야기들입니다.

하지만 날마다 받는 그저 그런 이야기에도 자신의
삶에 투영해서 돌아보는 계기가 한 번쯤은 되었을
것입니다.

부족한 선배의 생각에 자신의 생각을 덧붙여서 더
넓은 시각을 얻는 데에 도움이 되길 바랍니다.

이번 이야기는 삶을 바라보는 관점과 사람을
대하는 태도에 관한 것입니다. 공감하는 이야기들이
하나씩 행동으로 옮겨지며 성공적인 삶이 되기를
기대합니다.

아침편지에
대하여

2005년도 4월에 현대자동차를 떠나 계열사 두 곳에서 근무하다가 돌아온 지 3일이 되었습니다. 떠날 때와 비교해 여러 변화가 있었지만 대부분 익히 알던 사람들이 많아 어색함이 적어서 다행입니다. 이곳으로 발령을 받은 후에 첫 직장생활을 시작했던 회사로 돌아온다는 기쁨도 잠시뿐 지금은 적지 않은 책임감을 느낍니다.

아직은 이곳에서 해야 할 일을 파악하고 익숙해져야 할 시간이 필요하지만 벌써부터 마음이 앞서갑니다. 단지 조급함을 버리고 발생하는 하나하나의 일들을 함께 담담하게 풀어나가다 보면 좋은 성과가 있을 것이라고 생각합니다.

저는 격의 없이 소통하는 것을 즐깁니다. 그리고 복잡한 것보다는 단순한 것을 좋아합니다. 결정 과정까지는 다양성을 존중하지만 결정된 다음에는 신속함을 위해서 일의 목적에 맞는 일관성을 존중합니다.

저의 생각을 구성원에게 공유하는 방법 중의 하나로, 매일 아침 후배 동료들에게 편지 보내는 일을 오랫동안 해왔습니다. 아마도 이곳 사정에 따라 편지를 보내는 빈도는 유동적이겠지만 사정이 허락하는 대로 자유롭게 그날 아침에 떠오르는 생각을 중심으로 편지를 보내고자 합니다.

다소 생각이 다르더라도 나누면서 상호 이해의 공간이 넓어지기를 기대합니다.

앞서 말씀 드린 대로 아직은 새로움에 대한 막연한 부담 내지는 염려가 조금은 있습니다. 서로 신뢰하며 배려하는 가운데 모든 일들을 즐겁고 보람 있게 잘 처리해 나가기를 기대합니다.

길지 않은 인생에 있어서 이렇게 인연이 되어 함께 일하게 된 것에 대해서 기쁘게 생각합니다. 함께했던 시간들이 먼 훗날 즐거운 기억으로 자리 잡을 수 있도록 자신은 물론 서로에게 최선을 다해 주기를 당부드리며 첫 번째 아침편지를 마치려고 합니다.

2010-01-14

미완의
편지

아침마다 편지를 쓰는 일은 저의 오래된 습관입니다. 2003년 2월부터니, 만으로 9년이 되어가고 있습니다. 최근 들어서 잦은 해외 출장으로 편지의 발송 횟수가 현저히 줄어들고는 있지만 적어도 주 2회 이상은 보내고 있습니다. 한 때는 '몇 통이나 보냈을까?' 하며 짐작을 했었는데, '적어도 1,000통은 넘겠다'라는 생각을 한 뒤로부터는 횟수에는 의미를 부여하지 않고 있습니다.

그런데 메일 임시 보관함에는 발송되지 않은 아침편지가 꽤 있습니다. 대부분 아침에 편지를 쓰다가 바쁜 일이 생겼거나, 급한 보고를 받게 되어 쓰다가 그만둔 편지들입니다. 때로는 다 써놓고 나서 보내지 않는 편지도 있습니다. 발송하기 전에 다시 읽어보다가 오해의 소지가 있거나, 내용이 현재 상황에 적절하지 못하다고 판단되어서 보내지 않은 것들입니다. 이런 편지들은 대부분 일정 기간이 지나면 모두 삭제합니다.

미완성된 편지들을 다시 이어서 쓰는 경우는 거의 없습니다. 보통 출근해서 PC를 켜고 자리에 앉아 커피를 마시는 사이에 주제를 정하고 그때의 느낌으로 편지를 써 내려가는 것이기 때문에 일정시간이 지나서 느낌을 다시 살려서 계속 써나가기가 쉽지 않기 때문입니다. 차라리 그날의 다른 주제로 쓰는 것이 훨씬 빠르고 편합니다.

팀원들과 소통을 목적으로 시작된 이 편지도 언젠가는 멈추는 날이 있을 것입니다. 어느 날 아침에 편지를 쓰다가 다른 사정이 생겨서 쓰다가 마는 것처럼 (제가 대학에 다닐 때 즈음에 '인생은 미완성'이라는 제목의 인기 가요가 있었는데) 삶이란 주제를 놓고 생각해 보면 완성이란 단어를 쓰기에 무언가 적절치 않은 점이 있는 것 같습니다.

특히 사람의 문제에는 그러한 것 같습니다. 어떤 사람이 아무리 훌륭해도 완벽한 사람은 없기 때문입니다. 어떤 사람은 권력을 통해서 자신을 신격화하기도 하고, 어떤 사람들은 대중을 사로잡아서 지도자의 위치에도 오르기도 합니다. 그러나 완벽하다고 하기엔 부족한 사람들일 뿐입니다. 일정한 과제나 목표는 완성할 수 있으나, 그 누구도 '인생을 완성했다'라고 감히 말할 수는 없을 것입니다.

그래서 우리는 어떤 삶을 살아가든 서로 채워주어야 할 부분들이 많이 있습니다. 모두가 부족한 사람들이기 때문입니다. 그렇기 때문에 동료의 좋은 점을 많이 보고 배우며, 단점을 꼬집기보다는 이해하며 서로 채워줘야 하는 것은 너무나 당연한 일이 되어야 할 것입니다.

하루하루 부족함을 채우는 나날이 되시기를 바랍니다.

2011-10-14

자신의 세계를 넓히려는
당신에게

최근에 읽은 글에서 재미있는 표현이 있어 소개하려고 합니다.

똑같이 유리를 쳐다보아도 자기 얼굴밖에 보지 못하는 사람이 있고 유리를 통과해서 그 너머 여러 가지 세상 풍경을 보는 사람도 있다.

자기 얼굴밖에 보지 못하는 것은 유리의 뒷면에 색을 칠해 놓은 거울일 때이며, 일반적인 투명한 유리는 창이 되어 다른 세상의 사물을 보게 하여 준다는 것입니다.

우리는 학식이 높아지고, 경험이 늘어날수록 자신의 함정에 빠지기 쉽습니다. 교만해져서는 자신이 제법 아는 것처럼 착각에 빠지기 쉽다는 것이지요. 이 거울 이야기는 아마도 이런 경우를 빗댄 이야기일 것입니다. 결국 자가당착에 빠져서 스스로의 한계를 두게 되는 것입니다.

우리가 남의 이야기를 경청하는 일, 말도 안될 것 같은 여러 사람들의 생각을 끝까지 들어주는 일은 결코 쉽지 않습니다. 하지만 이런 태도는 자신의 부족한 영역을 넓혀가는 좋은 습관일 뿐만 아니라 자신을 낮춤으로써 남들로부터 높임을 받게 하여 줄 것입니다.

유리의 뒷면에 회칠을 해놓은 것처럼 자기 생각 밖에는 모르고 살지는 않는지 살펴보는 시간이 필요할 것입니다. 젊은 시절에 친구들끼리 장난으로 이런 농담을 자주 했던 기억이 있습니다.

"착각은 자유야! 그런데 착각에서 벗어나는 순간엔 참담해지지."

소아적 자기중심에서 빠져나와서 남의 이야기에 귀를 기울이며 밖의 세계를 보는 일은 어리석음에서 벗어나는 일입니다. 자신의 세계를 넓히는 하루 되기 바랍니다.

2005-01-20

보이지 않는
손길

제가 임원으로 승진하고 지방근무를 하게 되었습니다. 회사에서는 아파트뿐만 아니라, 생활하는 데 불편함이 없도록 모든 가구와 여러 편의 시설을 제공해 주었습니다. 지방근무를 하러 내려갈 때에 걱정거리가 하나 있었는데 집안 청소나 세탁이 문제였습니다. 그런데 쓸데없는 걱정이었습니다. 회사에 출근하여 돌아오면 항상 집안은 깨끗하게 청소되어 있었고 옷걸이에는 항상 세탁이 잘 된 와이셔츠가 걸려 있었습니다.

생활하는 데 불편함이 없도록 총무팀에서 가사 도우미를 운영해 놓은 것입니다. 출근한 사이에 누군가 집에 와서 집안 청소를 하고 세탁물을 수거해서는 어김없이 아주 깨끗하게 옷걸이에 걸어 놓은 것이었습니다. 가끔씩 이런 서비스를 제공해 주시는 분이 누굴까? 궁금도 하고 마음 속으로 감사한 마음도 들었습니다.

지방 근무를 마치고 양재동 본사로 발령받아 다급한 마음에 짐을 싸서 급하게 서울로 올라오고 나서야 생각하게 된 일이 있습니다. 한번도 얼굴을 보지는 못했지만 지방 근무하는 동안 제게 많은 편리를 제공해 주신 그분에게 감사의 표현을 하지 못한 것입니다.

요즈음 출근하면서 처음 마주치는 분은 사무실을 청소해 주시는 아주머니입니다. 직원들이 출근하기 전에 큰 비닐봉투와 빗자루를 들고서 부지런히 일을 하십니다. 오늘은 문득 청소하시는 아주머니를 보다가 6년 전 지방 근무할 때 제 숙소를 청소해 주신 그분을 생각하게 되었습니다. 제게는 그분이 일종의 '우렁각시'였습니다.

복잡한 현대사회를 살아가는 우리에겐 숨겨진 우렁각시가 많이 있습니다. 누군가 우리가 모르는 사이에 도움을 주시는 분들을 우렁각시라고 생각하는데 이런 분들이 세상에는 많이 있다는 것입니다. 이런 일들에 감사할 줄 아는 사람들은 행복할 자격이 있는 사람입니다.

반드시 감사함을 표시해야 할 우렁각시들이 있습니다. 경비원 아저씨, 집과 사무실을 청소해 주시는 분 등 제 일을 도우러 오시는 분들입니다. 부족하긴 해도 명절이 돌아오면 작은 선물을 준비해서 드립니다.

이 세상에서 혼자의 힘으로 모든 것이 될 것처럼 사는 것은 참 어리석습니다. 잘 생각해 보면 세상에 저절로 이루어지는 것은 하나도 없습니다. 보이지 않는 곳에서 일하시는 분들의 손길이 있었기에 가능한 일들이었습니다. 잘 찾아보면 우리 앞에 놓여진 감사한 일들이 너무나 많습니다. 그리고 은혜를 느끼며 감사를 표현하다 보면 점점 더 감사할 일이 많아집니다.

보이지 않는 곳에서 세상을 아름답게 만드시는 분에게 감사하는 하루 되길 바랍니다.

2015-03-31

새벽을 여는
사람들

10년째 종로 5가와 을지로 5가를 가로질러 이른 아침에 출근을 합니다. 아침 기온이 쌀쌀해지는 계절이면 특별히 내 눈에 들어오는 풍경이 있습니다. 아직 세상이 깨어나기 전인 동이 틀 무렵 분주하게 하루를 준비하는 분들의 모습입니다.

신호를 대기하는 중에 짐을 가득 실은 손수레가 눈에 들어옵니다. 수레를 끄는 모든 분들이 예외 없이 족히 60은 넘어 보이며 어르신들은 힘겨운 모습들입니다. 언제 일어나서 이 일을 시작하셨는지는 모르지만 이미 수레에 가득 실린 짐은 필요로 하는 누군가에게 전달될 것입니다. 오늘따라 수레를 끄는 모습이 더욱 힘에 부쳐 보였습니다. 왠지 가로 세로로 묶인 굵은 밧줄은 그 분들의 삶을 고통스럽게 하는 십자가처럼 보였습니다. 새벽 출근길마다 보는 풍경이지만 오늘 따라 마음이 아파옵니다.

종로와 퇴계로 사이에는 오랜 역사를 지닌 재래시장이 많습니다. 그 시장이 명맥을 이어오는 것에는 모두가 잠든 이른 새벽에서부터 그분들의 힘겨운 수고가 젖어 있습니다. 분명히 낮에는 수많은 다른 사람들이 모여서 거래를 하며, 그 안에서 열정을 담아 삶을 꾸려갈 것입니다.

그런 생각도 잠시, 다시 신호는 바뀌고 제 오른발은 가속 페달을 누르고 언제 그런 생각을 했었냐는 듯이 동호대교를 지나서 압구정동을 지나쳐서 사무실에 도착합니다.

우리의 세상을 준비하는 고마운 사람들이 있습니다. 동이 트기도 전부터 힘겹게 새벽시장을 준비하는 아름다운 사람들이 있습니다. 비록 육체적으로 힘겹게 사는 모습으로 보이지만 그분들의 삶이 늘 행복하기를 바랍니다. 그리고 보이지 않는 곳에서 수고하시는 분들께 감사를 느낍니다.

생활 속에 감사가 늘 넘쳐나는 하루가 되시기 바랍니다.

2008-10-14

어떤 시선으로
바라볼 것인가

좋은 아침입니다.

직원을 선발하는 인터뷰 자리에서 '당신이 행복하기 위해서 중요한 단어 3개를 이야기해 보라'는 질문을 했습니다. 그 사람이 어디에 가치를 두고 사는 사람인지를 알아보고 싶어서입니다.

그런데 그저께 20대 초반의 젊은 여성으로부터 받은 답변에서 강한 인상을 받았습니다. 그 지원자는 '시선', '이해', '배려'라고 했습니다. 참고로 지금까지의 이 질문에 대한 답변을 종합하면 '사랑', '건강', '경제(돈)'에서 크게 벗어나지 않는 경우가 대부분이었습니다.

특별하다고 여겨서 보충 설명을 들어 보았습니다. 그녀는 잠깐 머뭇거리다가 이렇게 이야기합니다. '시선'은 자신이 세상을 어떻게 바라보며 살 것인가? 그리고 '이해'는 내가 함께하는 사람들을 얼마나 폭넓게 이해하여 줄 것인가? 나머지 '배려'는 서로가 먼저 배려하려는 사람들과 함께 지내야 행복할 수 있다는 것이라고 하였습니다.

적어도 인생의 깊이가 있어야 나올 수 있는 답변이라고 생각하여 조금은 놀랐습니다. 그녀는 이제야 만 22세의 나이였고 아직도 대학에서 학업을 하고 있는 상태입니다.

대다수의 사람들은 행복의 조건을 자신의 내면에서 찾는 것이 아니라 외부 환경에서 찾거나 경제적 풍요나 사랑 등 아주 일반적인 이야기들을 합니다. 일반적으로 맞는 이야기이기는 하지만 그 젊은 지원자의 생각은 한번 깊이 생각하고 새겨두어야 할 부분이 있습니다.

저는 보통 이 질문을 해놓고 일반적인 답변을 듣게 되면 보충 질문을 하지 않습니다. 대게 면접 시에 엉뚱한 답변은 거의 없으며 정답을 찾아가는 획일화된 답변을 많이 듣습니다. 그럴 때에는 그 질문에 대해서 더 이상 이야기를 진행시키지 않습니다. 뻔한 설명을 듣게 되기 때문입니다.

그녀는 그 질문의 대답뿐만 아니라 다른 면에서도 후한 점수를 받아서 함께 일하게 될 것입니다. 입사하고 나서 살펴보겠지만 자신의 일뿐만 아니라 조직 내에서 서로 협력하는 일에서도 칭찬받을 가능성이 매우 높은 지원자라고 판단합니다.

특히 '세상을 긍정적인 시선으로 바라보며 살아야 한다'는 말에서 내 스스로를 돌아보며 '내가 그 친구의 나이에 무슨 생각으로 살았을까?' 생각해 보았습니다. 그때 저는 세상 모르는 철부지였지만 여러분은 자신의 내면에서 행복을 찾는 하루 되시길 바랍니다.

2006-03-10

진정한 명품은
무엇입니까

요즘 젊은 사람들 중에 명품 가방을 적어도 하나씩은 가지고 있다는 이야기가 있습니다. 그래서인지 백화점에 가보면 읽기도 어려운 이름을 가진 각종 명품 매장이 점점 많아집니다. 해외 여행을 자주하지는 못했지만, 파리의 샹들리에 거리, 런던의 본드 스트리트, 쇼핑의 천국 홍콩에 다녀온 적이 몇 차례 있습니다. 출장비를 아껴서 면세점에서 비교적 값싼 토드백을 사본 적이 있었는데 가는 곳마다 한국사람들이 참 많았습니다.

아예 한국 손님을 맞기 위해서 한국인 점원을 두는 곳도 있었습니다. 그만큼 한국 소비자가 꽤 많이 몰려든다는 것으로 짐작됩니다. 왜 한국 사람들은 명품에 지나칠 정도로 몰두할까? 하는 생각을 해보곤 합니다.

한국사람들은 예로부터 남에게 보여지는 체면을 중시한 것 같습니다. 우리의 옛말에 '가난한 양반들이 물로 배를 채우고도 고기를 먹은 것처럼 이를 쑤신다'는 표현도 있습니다. 이는 한국의 전통적인 정서와 급격한 경제 성장과 맞물려서 나타난 풍조가 아닌가 싶습니다.

좋고 아름다운 것을 추구하는 것은 누구에게 무어라 말할 수 있는 일은 아닙니다. 그러나 그것이 자꾸만 외양으로만 표현되어 내적인 공허를 채우려 하고 자신의 부족함을 가리는 것은 좋지 못한 풍조인 것 같습니다.

진정으로 가진 것이 많은 사람들은 그것이 지식이든 물질이든 일부러 나타내지 않아도 남들이 먼저 알아주게 됩니다. 비용을 많이 들이지 않아도 단정하고 예쁜 모습으로 살아가는 사람들이 훨씬 더 많습니다.

우리 모두가 겉으로만 치장된 모습이 아니라 진실된 내면을 통해서 자연스럽게 후광이 빛나는 품격이 높은 사람이 되기를 기대합니다. 지금 스스로를 명품이라고 생각하십니까? 명품 인생을 만들어가는 하루가 되시기를 진심으로 바랍니다.

2008-07-02

새로운 출발점,
GROUND ZERO

김민우라는 가수를 기억하십니까?

90년대 초반 '사랑일 뿐야', '입영열차' 안에서 등의 히트곡으로 인기가수 대열에 올랐던 사람입니다. 몇 해 전에 그가 자동차 회사의 영업사원으로 일하는 뉴스를 접하고는 '얼마 있다 그만두겠지'라고 생각했었는데 요즘은 '성공한 세일즈맨'이라는 기사를 자주 접합니다.

얼마 전 TV를 통해서 그의 인터뷰를 들은 적이 있습니다. 잘나가던 가수가 몇 번의 새로운 앨범이 실패로 돌아가자 단돈 만 원이 없어서 걸어 다녀야 했었으며, 가수라는 환상을 버리지 못해서 술로 자신을 달랬던 수많은 시간을 보낸 뒤에서야, 더 이상 나락으로 떨어질 곳이 없다는 위기의식을 느끼고서 자동차 세일즈맨이 되었다고 합니다. 그는 단순한 현실에서의 도피가 아니라 이것이 아니면 안 된다는 간절함을 가지고 새롭게 시작했으며 여기에서 두 번의 실패를 맛보지 않기 위해서 그 동안의 자신을 버리고 새로운 김민우를 다시 만들었기에 성공하였을 것입니다.

'GROUND ZERO'라는 말을 들어보셨을 것입니다. 원폭의

투하점 또는 처음부터 다시 시작하는 새로운 출발이란 뜻으로 사용되며, 미국의 911사태 이후 많이 사용되었던 단어입니다. 처절하고 비참할 때에 바닥까지 내려가보면 새로 출발하는 좋은 기회가 됩니다. 수영도 못하는 사람이 물에 빠져서 허우적거리기만 하면 결국은 지쳐서 죽게 됩니다. 차라리 물속 깊이 바닥까지 내려가서 박차고 올라오는 것이 살아날 확률이 높습니다.

때로는 이것이 아니라고 생각하면서도 이러지도 저러지도 못하는 경우가 있습니다. 이것은 아주 좋지 못한 상태입니다. 현재에서 얼마나 최선을 다했는가를 철저히 점검해 보고 자신을 내려놓고 모든 힘을 다해서 새롭게 시작해 보는 것입니다. 그리고 그 다음에 판단하는 것입니다.

여름에 소나기를 만나게 되면 때로는 비를 피하기보다 순순히 그 비를 흠뻑 맞아 보십시오. 오히려 샤워할 때처럼 쾌감을 느낍니다.

가끔 지치고 힘이 들 때에는 자신의 일에 얼마나 긍정적인 마음이 있는가? 진실로 최선을 다했는가? 그리고 절실함이 있는가? 새롭게 변화할 준비가 되어있나?를 살펴보시면 대부분 문제를 자신에게서 찾을 수 있을 것입니다. 현재를 이겨내지 못하는 사람에게는 미래도 없습니다.

2009-07-22

선한 사람은
누구일까

어렸을 적에 TV를 보거나 책을 읽으면 늘 선이 악에게서 승리하였습니다. 시작부터 선(善)한 주인공의 편에 서서 마음을 졸이면서 이야기에 몰입하다 마지막 장면이 다가오면 승리감에 흠뻑 젖었던 기억이 있습니다.

그런데 최근 들어서 영화나 드라마를 보면 사뭇 달라진 것 같습니다. 선과 악을 구분하기보다는 상대적 가치에 따른 선과 악의 갈등구조를 적절히 활용해서 시청자에게 스스로 어느 편에 설 것인가를 맡겨두는 경우가 많습니다. 그만큼 세상이 복잡다단해져서 선과 악이라는 이분법적인 논리로 끌고 가기에는 어려워졌는지도 모릅니다.

벌써 2년이 지난 것 같은데 〈다크나이트〉라는 배트맨 시리즈 영화를 보면서 선과 악에 대하여 깊게 고민했던 기억이 있습니다. 지금은 그때의 영감은 줄어들었지만 분명하게 기억에 남은 것은 '과연 내가 옳다고 여기는 가치들이 진정으로 선한 일인가?' 수도 없이 스스로에게 질문을 던졌습니다. 악역을 맡은 히스레저(조커 役)가 관객을 향해 던지는 한마디 한마디가 가슴을 때리는 느낌이었습니다.

'나는 선하다고 믿으면서 살고 있지만 인간의 상대적인 가치나 양면성에 있어서 진정으로 온전히 선한 삶을 살고 있는가?' 겉으로 보이는 인간의 모습과 그 속에 숨어있는 온전하지 못한 모습에 메스를 가져다 대는 악당의 이야기는 어쩌면 현실에 살고 있는 모든 사람에게 해당되는 내용일 것 같습니다.

선을 '아름답다'라고 이야기하며 선을 추구하고 지키려 한다해도 정말이지 어떤 관점에서 보여지느냐에 따라서 악이 될 수도 있어, 많은 고민이 생길 수밖에 없었습니다. 절대 악을 규정하는데에는 어려움이 많지 않은데, 절대 선은 인간의 판단에서는 구분짓기가 어려운 것 같습니다. 그래서 우리에게는 절대자(神)가 필요한지도 모르겠습니다.

주말입니다. 꽃샘추위에 외출이 두렵다면, 좋은 책이나 영화를 보면서 자신을 깊이 성찰하고 자신의 영역을 넓히는 시간이면 좋을 것 같습니다.

2010-03-19

인식과 실제의
차이를 줄이려면

금요일 아침입니다. 다음 주부터는 본격적인 여름 휴가 기간입니다. 우리처럼 숨가쁘게 인생을 역동적으로 달려가는 회사도 많지 않을 겁니다. 이렇게 휴가철이 있다는 것만으로도 감사한 일입니다.

지난달 유럽에 갔을 때에 어느 분이 독일이 한반도 면적의 1.6배에 해당한다는 설명을 하는데 잘못 설명하는 줄 알았습니다. 저는 '약 4-5배 정도는 되겠지'로 인식하고 있었기 때문입니다. 그런데 자료를 찾아보니 사실이었습니다.

한국에 와서 그 다음 주말에 친구들과 식사를 하다가 문득 함께한 친구들에게 물었습니다. 독일의 국토 면적이 한반도의 몇 배인가에 대해서 말입니다. 마침 그중에는 독일에서 주재원 생활을 5년 정도 한 친구가 있었고 자신 있게 5-6배 정도 된다고 이야기했습니다. 내가 1.6배라고 했더니 나머지 두 명이 말도 되지 않는 소리 한다고 오히려 핀잔을 주었습니다. 오기가 발동한 나는 이를 두고 내기를 걸어 이기기까지 했습니다.

저는 여기서 두 가지를 깨닫게 되었습니다. 하나는 '다수결이 항상 옳지는 않다'는 것, 다른 하나는 '인식과 실제에 있어서 차이는 얼마든지 있을 수 있다'는 것입니다. 그런데 이렇게 다수에게 생겨난 인식 오류의 원인은 무엇인지 궁금해졌습니다.

이번 일만을 놓고 생각해 보면 우리는 항상 어려서부터 '동방의 작은 나라 한국'으로 배웠으며, 독일은 아주 강한 나라이며 20세기 초에 두 번이나 세계대전을 일으키고 전후에는 라인강의 기적을 이룩한 나라로 배워왔던 것에 원인이 있지 않을까 하는 생각을 해보았습니다.

모든 것의 인식과 실제는 항상 같을 수는 없는 일이기에 자신이 인식하고 판단하는 것이 옳은 것인가를 틈틈이 확인해 보고 점검하는 습관도 필요합니다. 새로운 곳을 여행하며 다른 세상을 보는 것 그리고 책을 읽는 것은 그 동안 내가 알고 있던 지점을 벗어나서 인식의 오류를 바로 잡는 일에 좋은 방법이 될 것입니다.

이제 더위가 극성을 부리는 한여름입니다. 야외 활동도 좋지만, 시원한 서점에 들러서 책을 고르는 주말도 의미가 있을 것 같습니다. 즐거운 주말 되세요.

2010-7-29

행운이 따르는
이유

행복해지려면 가슴이 따뜻한 사람을 하나쯤은 알고 깊게 사귀어야 한다. 사람과 사람들 사이에서 관계와 유대가 좋고 따뜻하여 여럿이 함께 간다면 부자가 되고, 그렇지 못하면 죽는다.

요즘처럼 경쟁이 치열하고 앞만 보고 열심히 달려가는 세상에서는 간과하기 쉬운 이야기지만, 그래서 더욱 필요한 것 같습니다.

제가 요즘 읽는 〈보이지 않는 차이〉라는 책에는 행운이 따르는 사람에 대해서 재미난 통찰력을 보여주는 대목들이 있습니다.[1] 행운이 있는 사람들과 그렇지 않은 사람들 사이에는 보이지 않는 차이들이 분명히 있다는데 그중에 하나의 사례를 대략 정리해서 나누려고 합니다.

행운이 따르는 사람의 특징 중에는 좋은 성과를 거두게 되면 그 공을 주변에게 돌리고, 문제가 생기면 그 책임을 자신으로부터

---

1   연준혁, 한상복(2012), 〈보이지 않는 차이〉, 위즈덤하우스.

36

찾으려고 하며, 작은 언행에도 타인을 배려하는 것이 몸에 배어있어서 사람들은 늘 그 사람에 대해서 호감을 갖게 하는 특성이 있다고 합니다. 그리고 복잡하게 생각하지 않으며, 단순하기 때문에 진실성이 높다는 것입니다.

그런데 제가 볼 때에는 실제 많은 사람들은 위와 정반대로 행동하는 경우가 있습니다. 문제가 생기면 책임을 회피하고 싶어하고, 좋은 일에는 앞을 다투어 자신의 것으로 만들려고 노력한다는 것입니다. 얄팍한 지식으로 복잡하고 장황하게 이야기하여 상대의 시선을 흔들어 놓거나 본질을 왜곡하는 일도 많습니다.

세상의 대중들이 '옳다'라고 생각하는 것들 중에 본질을 파고들어가 보면 틀린 경우가 꽤 있습니다. 다만 그것을 몰라서도 그렇겠지만, 알아도 당장의 이익이나 주변의 시선 때문에 불운을 부르는 경우가 많습니다.

이야기하다 보니 심각해져서 재미없어지려고 하네요. 오늘도 행운이 따르는 하루가 되시기 바랍니다.

2011-05-26

높임을
받으려면

백화점에서 어떤 주부가 옷을 골라 들고는 남편에게 보여주자, 평소에 늘 칭찬에 인색했던 남편은 이렇게 답했습니다.

"당신은 무엇에든 그렇게 안목이 없어. 색상이나 디자인이 형편 없잖아."

남편의 핀잔을 참아왔던 아내가 이렇게 답했다고 합니다.

"그래요 당신은 안목이 있어서 나를 선택했고, 나는 안목이 없어서 당신을 선택한 거예요."

가장 존중하며 소중하게 여겨야 할 사람에게 함부로 하는 경우가 종종 있습니다. 무척 어리석은 행동입니다. 우리에게 가장 소중한 사람은 매일 만나고 이야기하고, 주변에 함께 있어주는 사람들입니다. 그래서 가족이 가장 소중하고, 함께 일하는 동료들 또한 매우 소중합니다.

우리의 생활 습관에서 아무 생각 없이 내뱉은 말이 상대방의 마음에 상처를 주는 경우도 있습니다. 같은 말이라도 상대의 마음을 훈훈하게 해주는 표현을 자주 쓰는 것이 좋습니다. 그리고 마음이 편치 않을 때에는 가급적 표현을 줄이고 짧게 하는 것이 좋습니다.

　내 중심대로 행동하고 판단하게 되면, 이웃의 마음을 헤아리지 못해서 서로 불편해질 때가 있습니다. 상대의 입장을 고려하면서 생각하고 행동하게 되면, 배려로 이어지고 관계가 좋아지게 됩니다. 그래서 아무리 편한 사람이라도, 해야 할 말과 하지 않아야 할 말을 구분할 줄도 알아야 합니다.

　앞에서 소개한 일화에서처럼 어리석은 남편이 되지 않으려면, 상대방을 높여주는 습관을 가져야 합니다. 그래야만 자신도 함께 높임을 받게 된다는 사실을 잊지 말기를 바랍니다.

　좋은 사람과 나쁜 사람의 차이는 아주 작은 생각과 습관의 차이에서 시작됩니다.

2011-07-14

사각의 링에 선
당신에게

좋은 아침입니다.

　오늘 나누려는 이야기는 약 6년 전 라디오방송에서 들은 어느 권투선수의 인터뷰 내용입니다. 아마도 이 선수는 전날 빅(big) 매치가 있었으며 승리하고 난 다음날 아침방송 인터뷰였던 것으로 기억합니다.

　권투를 배우는 이유에 대한 답변인데요. 짧은 시간의 이야기 였지만, 내용이 괜찮아서 내 느낌으로 메모해 두었다가 나누는 것입니다. 참고로 인터뷰를 들었던 즈음인 2005년 9월 28일 아침메 일에 이와 유사한 글을 보낸 적이 있습니다.

사각의 링에 서면 내 자신의 무게를 느낍니다. 그리고 상대방의 무게도 느껴집니다. 내가 내 자신을 부지런하게 움직이지 않으면 상대방은 나를 맘대로 가격합니다. 그래서 열심히 경기에 임합니다. 때로는 경기에서 질 것을 알면서도 힘들게 한 라운드를 마치고 잠깐이나마 휴식을 취하고는 다시 한 라운드를 견디어 나갑니다. 결과와 관계 없이 경기를 포기하지 않고 끝까지 싸울 수 있는 것만으로 만족합니다. 권투는 잠시 느슨해질 수 있는 나의 삶에 열정을 불러일으켜 줍니다.

그는 낮에는 일하고 밤에는 권투를 배우러 다니는 사람이었습니다. 썩 좋은 환경에서 재미 삼아 권투를 배우는 것 같지는 않았습니다. 하지만 준비되지 않은 인터뷰에서 저런 내용으로 답변을 할 수 있다는 것은 어려운 환경 속에서 평소에 자신의 삶에 대한 깊은 성찰 없이는 나올 수 없는 답변이라는 생각을 해보았습니다.

이렇게도 평온한 가을 아침에 문득 이런 생각을 해봅니다. 어쩌면 우리 모두의 삶이 사각의 링 위에 서 있는 권투선수와 본질적으로는 다르지 않다는 것입니다. 세상이라는 큰 링 위에 올라서서 항상 자신 있고 당당한 여러분이 되시기를 바랍니다.

2011-09-23

어떤 가이드를
원하나요

간밤에 비가 촉촉히 내렸습니다. 내일부터는 기온이 내려가서 이번 주말에는 가을 들어서 가장 추운 날씨가 될 거라고 합니다. 도로 위에 무수히 뿌려진 나뭇잎들이 더욱 늦가을의 서정을 불러일으키는 아침입니다.

낯선 곳을 여행할 때에는 가이드가 필요할 때가 많습니다. 아무래도 현지의 사정을 잘 모르기 때문에 비용을 들이더라도 훨씬 효과적입니다. 그런데 어떤 가이드를 만나느냐는 여행의 성공과 실패를 가늠할 정도로 중요합니다.

늘 밝고 긍정적이어서 우리를 편안하게 만들어주고, 열정이 있어서 그곳의 이야기를 빠짐없이 생생하게 들려주는 가이드를 만나면, 헤어질 때가 되어서는 아쉬움이 남고 무엇이라도 그의 손에 쥐어주고 싶은 마음이 듭니다. 물론 드물기는 하지만 이와 반대인 경우도 더러 있습니다.

우리는 지금 정규 교육을 마치고 직장 생활을 하는 사람들이기 때문에 수많은 만남을 통해서 가이드를 경험해 보셨을 것입니다. 기억에 남는 선생님이나 직장 상사들도 넓게 보면 일종의 가이

드였을 것입니다. 각자에게 어떤 사람들을 만났는지는 다르겠지만, 아마도 좋은 사람들이 많이 있었을 것입니다. 여러분은 모두들 훌륭하게 잘 살아가고 있는 사람들이기 때문입니다.

살아가면서 누구를 만나느냐는 정말 중요합니다. 좋은 사람을 만났었다는 것은 자신의 인생에 큰 도움이 됩니다. 그래서 늘 그분들에게 감사하며, 앞으로 만나는 다른 사람들에게 어떻게 도움이 될지를 마음에 품고 살아갑니다. 그것이 사람이 살아가는 방법입니다.

이것이 잘 되지 않을 때는 조금은 불운해집니다. 생각이 너무 다른 상대의 행동을 보거나 대화를 하다가 마음에 상처를 받습니다. 이런 시기가 제게도 있었는데 정말이지 빨리 지나쳐버리고 싶으며 별로 기억하고 싶지 않은 부분도 있습니다.

인생이라는 여행 길에서 어떤 길을 걷고 있으며, 함께하거나 뒤를 따라오는 이들에게 어떤 가이드가 되며 또한 어떤 여행자가 될 것인지를 생각해 보는 아침입니다. 주말 아침이네요! 늦가을의 아름다운 정취를 느끼는 시간 되시기 바랍니다.

2011-11-18

매 순간 잊지 않아야 할 것은
무엇인가요

추석 명절 잘 보내셨습니까?

직장 생활의 분주함 속에서 벗어나서 며칠 동안을 다른 환경에서 지내다보니 제 자리로 돌아온 현재가 조금은 불편할 수도 있는 아침입니다. 자신에게 다시 주어진 하루를 성실하게 그리고 감사한 마음으로 시작하여야 할 것 같습니다.

골프를 시작하고 나서 2-3년이 지나면서부터 느끼는 것인데 골프와 인생은 너무 흡사합니다. 라운딩을 마치고 과정을 짚어보면 여러 면에서 인생살이와 비슷한 점들이 있습니다.

티샷(tee-shot)이 잘 맞아서 기쁨에 취해 있으면 다음 샷(shot)이 망가지기 쉬우며 임팩(impact)이 좋아 잘 맞은 타구가 안타깝게도 러프나 벙커에 빠져서 곤란을 겪기도 합니다. 전반 9홀을 잘 맞으면 후반 9홀 동안에는 자신의 에버리지(average)를 찾아가고 스코어에 과도하게 욕심을 내기 시작하면 샷이 흐트러져서 경기 전체를 망치기도 합니다. 18홀을 겪는 동안에도 똑같은 볼을 치는데도 샷감이 일정하지 않으며 2-3차례는 기복이 생깁니다. 그래서 최근 몇 번 좋은 플레이를 했다고 해서 다음에 막연하게 좋은 경기를 기대하다가는 스스로 무너지는 경우가 많습니다.

좋은 경기를 하기 위해서는 매 순간마다 평정심을 잃지 말아야 하며, 잘 될 때에 자만하지 않으며, 어려움에 처해 있을 때에 담담하게 극복해야만이 좋은 결과를 얻을 수 있고, 한두 번의 성공으로 마지막 결과가 좋을 것이라 생각하면 큰 오산입니다. 도처에서 새로운 난관에 부딪히고 위기가 닥쳐옵니다. 조금만 노력하면 금세 실력이 늘 것도 같지만 잡힐 듯이 잡힐 듯이 잡히지 않습니다. 그래서 골프도 인생처럼 욕심을 버리고 자신의 능력에 맞게 겸손하게 매 순간 최선을 다해야 할 뿐입니다.

좋은 결과는 과도한 욕심으로 만들어지지 않으며 평소 실력 그대로의 성실함이 이루어주는 것입니다. 이런 면에서 골프와 인생이 참으로 비슷합니다.

우리는 인생을 여행에 자주 비유하지만, 살아가는 방법에 대해서는 골프를 하면서도 깨닫는 것이 많습니다. 라운딩을 마치고 스코어카드를 꼼꼼히 들여다보면 아쉬웠던 점이 반드시 있습니다. 하지만 '전반적으로 오늘은 만족스러웠다'라는 생각을 할 때에 은근한 기쁨이 있습니다.

경기를 마치고 스코어카드를 보면서 매 홀마다 사연을 기억해내듯이 인생이라는 긴 여행을 마치고 나서 지나온 시절을 돌아볼 때에 아름다운 사연들로 가득 채워지기를 기대하는 아침입니다.

힘차게 멋진 하루 시작하시기를 바랍니다

2012-10-04

삶의 저항을 느끼는
당신에게

독수리는 공기 저항이 없으면 날 수 없으며, 자동차도 지면에 마찰력이 없으면 달릴 수 없습니다. 우리가 살아가는 데 있어서도 저항이나 마찰은 늘 있게 마련인데, 이것은 때로는 에너지를 소비하게 하는 불편한 것이지만 이로 인해서 하고자 하는 목적을 이루기도 하며 그 과정을 통하여 더욱 삶을 아름답게 만들기도 합니다.

그래서 어떤 사람을 선발하기 위해서 면접을 볼 때에도 현재에 나타난 결과만을 보지 않고 그가 지금까지 지나온 과정을 보면서 어떤 과정을 겪었으며, 어떤 방법으로 그것을 극복해 왔느냐를 알기 위한 질문들을 하기도 합니다. 어느 시인이 '세상의 어떤 꽃도 흔들림 없이 피는 꽃은 없다'라고 표현한 것처럼 세상의 그 누구도 한번도 아파 보지 않고 성장하는 사람이 없을 것입니다.

상대적으로 편안하게 살아온 제게도 지나온 과정이 순탄한 것만은 아니었습니다. 30대 초반에 아내가 뇌종양으로 1-2년을 힘든 투병 생활을 하였습니다. 지금은 20년 지난 오래된 이야기가 되었는데, 그 어려움을 겪은 후로는 삶 속에서 좀 더 겸손하고 타인에게 관대하게 되었으며, 아내에 대한 신뢰와 사랑이 더욱 깊어지고 감사하는 태도를 얻게 되었던 것 같습니다.

누구나 살아가다 보면 작든 크든 어려운 환경에 처할 때가 있습니다. 하루를 지내면서도 순간순간 참고 견디어야 할 일들이 발생합니다. 결국은 어떤 마음자세로, 어떤 방법으로 그 순간을 대하느냐가 하루를 잘 보내게 합니다. 또한 그것들이 모여서 한 달, 일 년 아니 인생 전체를 만들어가게 될 것입니다.

편리함을 추구하는 것이 누구에게나 보편 타당한 것 같지만, 어떤 의미에서는 남모르게 힘든 일들을 도맡아서 묵묵히 해내는 사람들은 미래에 큰 보상이 다가오리라는 확신이 있습니다. 어려웠던 하루를 의미 있게 견디어내는 사람은 오늘 하루를 힘들어만 하는 것이 아니라 미래의 희망을 보고 살기 때문입니다.

오늘 내게 다가오는 저항이나 마찰, 흔들림은 미래를 준비하는 과정입니다. 당장의 현실에 좌절하지 않고 비록 멀리 있는 것 같지만 자신이 바라왔던 그곳에 시선을 두게 되면 어떤 어려움도 보다 쉽게 이겨낼 수가 있습니다.

내일에 희망이 있어 오늘 하루가 아름답기를 기대합니다. 좋은 하루 되시기 바랍니다.

2014-01-28

경험이냐
소유냐

얼마 전에 경제지에 실렸던 칼럼에 공감하면서 나름대로 생각을 정리하여 공유하려고 합니다.

"To be or not to be, That is the question."

셰익스피어의 작품에서 햄릿의 독백으로 유명한 대사입니다. 그런데 최근 미국 코넬대와 콜로라도대학의 공동연구팀은 'To do or to have'라는 주제로 '다양한 경험이냐, 물질적인 소유냐'에 관하여 화제를 던지고 있습니다.

결론부터 말씀드리면 경험적 구매와 물질적 구매 중에 돈을 주고 '무엇을 하느냐'가 '무엇을 소유하느냐'보다 인생의 행복감을 더 많이 가져다주고 있다는 것입니다. 예를 들자면 같은 값을 지불하면서 보석이나 고급시계를 소유하는 것보다 가족과 여행을 가거나 다양한 문화예술 행사에 참여하고 스포츠 경기를 관람하는 것이 삶의 질을 개선시켜 준다는 것입니다.

대학에 다닐 때에 소유와 존재에 대한 깊은 고민을 했었던 기억이 있습니다. 아마도 젊은 시절에는 많은 사람들이 이런 생각에 깊이 빠져보았을 것입니다. 물론 30년 지난 지금에 와서 돌아보면 소유적 실존이냐, 존재적 실존이냐를 가지고 다투고 싶지는 않지만 굳이 이야기하라면 존재적 실존에 가깝게 살아가는 듯합니다. 영화나 뮤지컬을 예약하는 즐거움, 주말에 지인이나 가족과 골프를 즐기고, 레스토랑에서 맛난 음식을 먹으며 즐거운 이야기를 나누는 경험에 더 큰 가치를 두는 생활방식을 보면 그런 것 같습니다.

한 가지에만 극단으로 달리는 것이 잠시 멋지다는 착각에 빠져들 수는 있지만 이것은 상당히 위험합니다. 물질의 소유에 집착한 나머지 하루하루가 고단하고 피폐해지거나, 경험적 가치에 몰입한 나머지 자신은 물론 이웃에게까지 곤란하게 하며 심지어는 주변 사람에게도 정신적 어려움을 끼칠 수 있기 때문입니다.

인간이 추구하는 가치는 어느 잣대를 들이대느냐에 따라서 차이가 큽니다. 그래서 오늘 나누는 이야기도 물론 논란의 대상이 되고 싶지는 않습니다. 하지만 며칠 전에 읽었던 칼럼은 이런 이야기로 결말을 짓는 듯합니다.

'경험은 물질적 소유에 비해서 사회적 가치가 더 높다.'

사회적 관계가 다양해져서 행복을 느낄 기회가 많다는 점, 다른 사람들과 경험을 나누면서 사회적으로 환영받는 존재가 될 수 있다는 점을 높게 평가하는 것 같습니다. 그리고 한마디 덧붙입니다. 속은 비었는데, 겉으로만 가진 것이 많은 척 드러내고 과시하는 것을 요즘 표현으로 '진상'이라고 하는 것 같습니다. 다양한 좋은 경험을 소유하여 내면이 탄탄한 당신이기를 바랍니다.

2014-09-22

부족함을 느낄 때에
기회가 있다

매년마다 프로야구 시리즈가 끝나면 한 해 동안의 성과를 근거로 연봉 재계약이 이뤄집니다. 이때에 팀간 선수의 이동이 있고 그 동안의 결과에 따라서 보상은 여러 가지 형태로 나타납니다. 이 시즌을 야구에서는 '스토브리그'라고 하는데 특히 FA(프리에이전트) 자격을 얻은 선수들 중에 탁월한 성적을 낸 경우 언론과 팬들의 관심이 집중되기도 합니다.

한국프로야구도 최근에는 거액의 계약금과 연봉이 주어지는 것을 자주 보게 됩니다. 그러나 이런 선수들은 극소수라는 것입니다. 우리가 모르는 수많은 선수들은 1군 리그에서 뛰어보지도 못하고 2군 리그를 맴돌다가 이름도 없이 빛도 없이 사라집니다. 스토브리그에 스포츠 지면을 뜨겁게 달구는 기사의 주인공은 수백 명의 프로 선수 중에 몇 명 되지 않습니다.

그렇다고 초대형 계약을 성사시킨 모든 선수들이 지속적으로 좋은 성과를 내는 것도 아닙니다. 거액의 연봉을 받은 선수들 모두가 그만한 활약을 보여주지 못하는 경우도 꽤 있습니다. 팬들은 그들을 먹튀(먹고 튄다)라는 용어를 써가며 조롱합니다

프로선수만큼 세상의 이목을 끌지는 못하지만 우리의 직장 생활도 본질적으로 다를 바 없습니다. 자신이 부여받은 직책이나 보직을 수행하며 보수를 받습니다. 매년 성과를 평가받아서 차별화된 보수를 받게 됩니다. 연말이 되면 연봉 계약 또는 승진 그리고 경우에 따라서 다른 부서로 이동도 하게 됩니다.

직장 생활을 하면서 선배로부터 프로가 되라는 말을 최소한 몇 번은 들어보셨을 겁니다. 프로라면 자신의 분야에서 전문가가 되고 경쟁력을 갖추고 자신에게 맡겨진 역할을 잘 소화해야 합니다. 저는 그 동안에도 후배들에게 한 번 정도는 이런 이야기를 했었습니다.

"현재에 받는 연봉이 적다고 생각하는 사람들은 그 연봉만큼 일하고 있는지 냉정하게 판단해 보라. 그리고 상사나 동료도 그렇게 생각하는지 한번쯤 판단해 보자. 만약 연봉보다 부족한 점이 있다고 생각하게 되면 위기라고 여기고 좀 더 노력해라."

모든 일에는 자신이 부족하다고 느낄 때에 오히려 기회가 있습니다. 나는 충분한데 그만한 대우를 받지 못한다고 생각할 때가 사실 매우 위험한 시기일 수 있습니다. 정말로 성과에 비해서 적절한 보상을 받지 못하였다면 조금만 참으면 더 큰 보상으로 다가오게 되어있습니다. 좀 더 넓고 길게 보면 세상은 생각보다 정직하고 진실되게 흘러갑니다. 짧은 기간에 모든 것을 판단하기에는 성급한 면이 있습니다. 단기간에 모든 것을 판단하고 욕심을 내다가는 조롱의 대상이 되기도 합니다. 진정한 프로페셔널로서 하루를 보람 있게 만들어 가기를 바랍니다.

2014-11-27

51

중심을
잃지 않으려면

아프리카의 어느 부족 사람들은 물살이 센 개울을 건널 때에 적당한 무게의 조그만 바위를 들고 건넌다고 합니다. 그 방법이 타당한지는 모르지만, 전해 들은 이야기로는 거센 물살에 무게중심을 잡고 개울을 안전하게 건너는 방법이라고 합니다.

언뜻 들으면 이해하기 쉽지 않으나 나름대로 여러 가지 의미가 있는 것 같습니다. 거센 물살을 세상이라고 보면 누구나 짐을 지고 갈 수밖에 없는 것은 우리의 인생과 같습니다. 그래서 짐을 질 수 있는 능력이 필요하고, 인생의 무게를 잘 견디며 흔들리지 않고 중심을 잡고 살아가는 사람의 모습이 아름답게도 보입니다.

누구에게나 겉으로는 보이지 않는 아픔이 있으며, 넘어야 할 역경들이 있습니다. 그리고 그러한 일들을 잘 해결해 나가는 사람들이 인생의 승리자가 됩니다. 여기서 승리의 의미는 수준 낮게 사회적 지위나 명예, 재산의 축적 따위를 말하는 것이 아니라 자신 스스로 얼마나 바르고 당당하게 아름다운 인생을 만들었느냐에 대한 이야깁니다. 지위나 돈의 문제는 노력에 대한 부차적인 산물일 뿐입니다.

결국 주변의 판단보다도 자신의 깊은 내면에서부터 떳떳해야 하는 것입니다. 누구나 하루에도 수십 번씩 비교하거나, 비교를 당하며 살아갑니다. 그런데 이런 비교로부터 자유로워지지 않으면 궁극적으로는 멋지게 살아가기가 힘들어집니다. 때로는 이런 비교들이 자신이 가지고 있는 숨겨진 능력을 발휘하지 못하게도 합니다.

자신감을 잃지 않고 책임을 감당하는 방법에서는 많은 노력이 필요한데, 기본적으로 스스로 비교하면서 힘들어할 필요도 없으며, 남들의 비교 판단에 우쭐해 하거나 의기소침해질 필요도 없습니다. 결국은 자신이 만들어가야 할 세상이 어떤 세상이냐를 분명히 하고 자신의 중심을 잃지 않는 것입니다.

자신의 삶의 중심(中心)을 바르게 세우고, 타인들의 하찮은 비교에 흔들리지 않으며 꾸준하게 열심히 살아간다면 먼 훗날에 아름답고 멋진 삶이 되어있을 것입니다. 당신이 추구하는 삶이 정말 멋진 삶이 되기를 응원합니다.

2015-02-11

겸손이
그를 성장시키다

"My last thank you goes to St. Loui s Cardinals. Thank you for reminding me …." ("저(부족함)를 깨우쳐준 카디널스에게 감사합니다.")

지난해 MBL 최고의 투수 LA 다저스 '커쇼'의 인터뷰 내용 중의 일부입니다. 그를 보면 어떤 분야에서 최고가 된다는 것은 단순히 자기 분야의 재능이나 전문성으로만 이뤄지는 것은 아닙니다.

제가 알고 있는 최고의 스포츠 선수들은 자신의 삶에 대한 철학이 확고하고 항상 자신을 끊임없이 살피며 겸손하려고 노력하는 사람들이었습니다. 그런 의미에서 이번에 접한 커쇼의 인터뷰 기사가 마음에 공감을 줍니다.

커쇼는 류현진 선수와 같은 팀의 에이스이지만 그보다 한 살 젊은 선수입니다. 그런데 그가 보여주는 모습은 커리어에 비해서 상당히 성숙합니다. 그의 플레이를 보면 위력적인 투구 뿐만 아니라 그 이상의 무엇을 느낍니다. 젊은 나이의 선수인데도 일관성 있게 평정심을 유지하고 승부와 관계없이 항상 좋은 매너를 보여줍니다. 또한 오프 시즌에는 어려운 이웃을 돕는 일에 앞장섭니다.

언론에 의하면 정기적으로 아프리카에 가서 어려운 아이들을 돌보는 것으로도 알려져 있습니다. 분명히 보통 선수는 아닙니다.

그에게도 아직 풀지 못하는 아킬레스 건이 있습니다. 평소와는 다르게 카디널스와 디비전 시리즈에서 맞붙으면 번번히 좋은 성적을 내지 못했습니다.

아마도 앞서 인용한 그의 인터뷰 내용도 그 이야기를 하는 것 같습니다. 현재 최고의 투수라는 찬사를 받고 있지만 그에게도 부족한 점은 있으며 인터뷰 기사에서 그 점을 겸손하게 표현한 것입니다.

언젠가는 커쇼가 가을 야구에서 카디널스와 만나서 완벽한 승리를 하게 될 거라 믿습니다. 부족함을 일깨워준 팀에 감사를 표시하고 있기 때문입니다. 만약에 그런 일이 미래에 생기지 않더라도 전혀 개의치는 않을 정도로 그는 완벽에 가까운 선수입니다.

무슨 일을 하든지 자신을 낮추고 열심히 하는 모습 자체가 아름답습니다. 작은 차이와 주어진 환경에 따른 일시적 결과를 지나치게 과장하는 세상의 모습이 그저 안타까울 뿐입니다. 우리가 살아가는 가치는 각자 다르더라도 궁극적으로 죽음이라는 목적지에 다다랐을 그때에 결과보다는 겸손한 과정이 좀 더 중요할 것 같습니다. 당신의 최종 목적지는 어디입니까? 그 과정은 아름다우십니까? 행복한 하루 되시기 바랍니다.

2015- 02-25

인생에서 지녀야 할
세 가지

도박장에 가면 '창문'과 '시계' 그리고 '거울' 이렇게 세 가지가 없다고 합니다. 제가 해외관광 중에 실제로 카지노에 들른 적이 있었는데 이 세 가지가 없다는 것을 확인하지는 못했습니다. 적은 돈을 가지고 잠깐 재미 삼아 게임을 해본 것이었지만 게임의 속성상 이길 확률이 매우 적다는 것은 쉽게 알 수 있었습니다.

그럼에도 불구하고 카지노에 가보면 많은 사람들이 항상 북적댑니다. 대부분 관광객들이겠지만 가끔씩 유명인이 거액으로 해외 원정 도박을 하다가 적발되어서 창피를 당하고 쌓아온 명성을 하루 아침에 물거품으로 만들어버리는 뉴스를 접하게 됩니다.

보통 두 가지 이유에서 도박을 한다고 합니다. 인간 고유의 사행심과 스릴을 맛보기 위해서라고 합니다. 사행심이라 하면 혹시 자신에게 큰 행운이 올지도 모른다는 것에 대한 어리석은 기대감일 것이며, 여기서 스릴이라는 것은 무언가 더 자극적인 것을 추구하려다가 잘못된 쾌감을 찾아가는 것으로 여겨집니다.

세상을 살아가는 데 가장 기본이 되어야 하는 것에 '성실해야 한다'라는 이야기가 빠지지 않습니다. 그러나 큰 행운을 바라거나 정해 놓은 규칙이나 규정을 어기면서 즐거움을 찾는 사람들을 성실하다고 하지는 않습니다. 어쩌면 이런 삶의 태도는 도박장의 도박꾼과 유사한 것일지도 모릅니다. 대부분의 실패자들은 성공한 사람들의 숨은 노력은 보지 않으며 성공한 사람들을 보고 운이 좋다고 이야기합니다.

실패하는 사람들은 도박장에서 사는 것 같이 보입니다. 그들에게는 세상을 바르게 내다보는 '창문'이 없으며, 한시라도 아껴야 할 귀중한 시간을 확인해야 하는데 그런 '시계'가 없습니다. 그리고 자신을 끊임없이 살펴보아야 하는데, 자신을 들여다볼 수 있는 '거울'이 없습니다.

인생을 보람되게 살아가려면, 창밖(세상)을 올바르게 볼 줄 아는 시야를 가져야 합니다. 한시라도 아껴서 효율적으로 시간을 보내야 합니다. 그리고 하루에도 몇 번씩 자신을 돌아보는 자기 성찰이 필요합니다. 이 세 가지는 성공적인 인생을 위해 가져야 할 소중한 삶의 태도가 되어야 합니다. 보람 있는 하루 되시기 바랍니다.

2015-04-21

몸에 힘을 빼는
방법

'Sweet spot'이란 말을 아시는 분들이 많으실 텐데, 이는 스포츠에서 쓰는 용어로서 야구나 골프 또는 테니스와 같은 운동에서 원하는 위치로 가볍게 치지만 가장 빠르고 정확하게 보내기 위한 '최적지점'을 말합니다. 물론 경제 또는 음악에서도 최적화된 시점이나 지점을 뜻할 때에 인용되어 사용되기도 합니다.

테니스나 골프, 야구 등 도구를 가지고 하는 운동을 많이 해보았는데, 한 번의 경기에서 Sweet spot에 정확히 맞추는 느낌을 받는 경우는 그렇게 많지 않습니다. 그날의 컨디션이나 마음 상태에 따라서 매번 차이가 나기도 합니다.

아마도 제 생각에는 이런 류의 운동을 잘하는 사람들은 컨디션 상태에 따른 기복이 적으며 꾸준하게 자신의 실력을 유지하는 사람들인 것 같습니다. 그렇다고 그 사람들의 타고난 능력이 탁월해서만은 아닐 것입니다. 기초를 다질 때에 꾸준히 학습하고 연구하여 원리를 파악하고 실전에서 연습을 많이 하는 사람들입니다.

어쩌면 살아가는 방법도 똑같습니다. 젊은 시절에 자신이 살아갈 방향을 선택하였다면, 그에 필요한 지식을 공부하고 또한 여러 가지 새로운 방법을 고민하며, 생각만 갖지 않고 실생활에서 부지런하고 꾸준히 실천한다면 좋은 결과를 얻을 것입니다.

자신이 하는 일에 대해서 자신감이 넘치는 사람들은 실패를 두려워하지 않고 새로운 도전을 하면서 성공 경험을 자꾸만 쌓아가는 것을 즐깁니다. 그렇기 때문에 남들보다 최적의 지점이나 시점을 잘 파악합니다.

골프나 야구를 보면서 경기를 잘하는 선수들은 알고 보면, 예외 없이 엄청난 연습량을 가진 사람들입니다. 그리고 몸에서 힘을 빼는 방법을 아는 사람들입니다. 훈련된 익숙한 방법으로 가볍게 움직였는데 그것이 야구에선 홈런이 되고, 골프에선 핀 옆에 공을 정확하게 떨어뜨리게 됩니다.

자신의 일에 전문성을 높여야 합니다. 이것은 학습이나 연습에 해당하는 것입니다. 그리고 욕심을 내려 놓아야 합니다. 이것은 운동할 때에 몸을 부드럽게 하여 자신이 하고자 하는 궤적을 그리게 하는 것입니다. 그리고 긍정적으로 세상을 바라보고 참아내면서 기다릴 줄 알아야 합니다. 이것은 운동할 때에 컨디션에 따라서 기복이 없게 만드는 역할과 같습니다.

당신의 삶은 sweet spot에 있습니까? 그것은 주어지는 것이 아니라 자신 스스로 노력하여 만들어 가는 것입니다. 기복 없는 편안한 주말 되시기 바랍니다.

2015-09-18

스페셜리스트에겐
긴 설명이 필요 없다

명함의 뒷면에 과거 경력까지 빽빽하게 적어 놓은 사람들이 있습니다. 제가 보기에는 이런 사람들은 대부분 별로 중요하지 않은 일을 하는 사람들입니다. 명함의 앞면에 적혀 있는 대표직책으로도 충분하지 못했거나, 무언가 마음속으로 자신감이 없기 때문에 자신을 알아달라고 하기 위해서 적어놓은 것 같은 생각이 듭니다.

아직도 결혼식장에서 주례하는 분을 소개할 때에 보면 출신 대학, 박사학위, 그 동안 경험한 직책은 물론 현재는 무슨 일을 하고 있으며 등등, 이런 소개를 들을 때마다 저는 마음 속으로 실소(失笑)를 금치 못합니다. '저렇게 소개하면 듣는 본인이 부끄럽지 않을까?' 하는 생각도 해봅니다.

어떤 모임에서 유명인사들을 만나게 될 때가 있습니다. 그들의 명함은 아주 간단합니다. 현재의 직책과 이름 석자와 사무실 전화번호만 적혀있습니다. 심지어는 직책도 없이 이름만 적혀있는 사람들도 있습니다. 왜냐하면 이름만 확인해도 이미 알려진 사람이기 때문입니다.

자기를 소개할 자리가 있으면 이름과 현재 속해 있는 곳만 표현하면 될 것 같습니다. 굳이 더 필요하다면 그 조직에서 하는 일 정도면 충분할 것입니다. 자신을 과시하기 위해서 "나는 이런 사람이다"라거나 "게다가 과거엔 이런 사람이었다"고 설명하면 조금은 머쓱해 보일 수도 있습니다. 물론 좀 더 서로를 알아가기 위한 과정에서 자연스럽게 알게 되는 것은 문제될 것은 없지만 말입니다.

자신을 소개할 때에 긴 이야기를 필요로 하지 않는 것이 가장 좋습니다. 자신의 이름 석자만으로 충분히 소개할 수 있다면 자신의 분야에서 아주 훌륭한 전문가일 가능성이 큽니다.

저는 보고서나 품의서는 만든 사람의 '인격'이라는 표현을 합니다. 보고서의 내용이 핵심도 없이 길어지거나 필요 이상 화려한 말과 설명이 있는 보고서는 자신감이 부족함을 보완하려는 모습으로 보입니다. 어쩌면 핵심을 정리하는 능력이 없거나 자신이 일을 많이 했다고 과시하려는 것으로 판단될 때도 있습니다.

실력이 있고 당당한 사람은 애써 긴 설명을 하지 않습니다. 타인들이 먼저 알고 인정해 주기 때문입니다. 누구든지 부족한 점을 잘 알고 스스로 인정하다 보면 자연스럽게 남들이 먼저 알아주는 날이 올 겁니다. 이런 사람을 그 분야에 스페셜리스트라고 표현합니다. 여러분 모두가 스페셜리스트가 되었으면 좋겠습니다.

2015-12-10

가장 소중한
지금

수년 전에 직장 후배로부터 들은 이야기입니다. 그 친구는 12월 31일 마지막 날 저녁이면 가족들이 모여서 당장 하고 싶은 일들을 적는다고 합니다. 그리고 나서 서로 그 이야기를 나누고 내년에는 실천에 옮기자고 서로 약속한다고 합니다. 일종의 'wish list' 또는 'bucket list'와 유사한 면이 있지만 가족이라는 공동체가 공유하고 도와주기로 하는 것이 더 의미 있고 참신하게 보이기도 합니다.

오늘은 금년의 일을 공식적으로 마무리하는 종무식이 있는 날이면서 을미년 한 해의 마지막 날이기도 합니다. 지나간 것을 가지고 후회하는 것은 좋게 보이지 않습니다. 지나간 것에 의미를 부여하려면 오늘 하루 지금 이 순간을 철저히 잘 보내야 합니다. 과거는 현재와 미래를 좀 더 낫게 만들어주는 배경은 되지만 그것에 연연하거나 집착해서는 안됩니다. 좋았든지 그렇지 못하든지 과거는 이미 다시 돌아올 수 없는 과거일 뿐입니다.

그런 의미에서 마지막이란 새롭게 시작하는 내일을 설렘과 기대감으로 기다리는 시기가 아닌가 싶습니다. 그래서 마지막까지 최선을 다해야 하며, 이것은 내일을 준비하는 자세입니다. 그리고 늘 지나간 것에 미련을 두지 말고 미래를 바라보아야 합니다. 또한 자신이 추구하는 길을 걷고 있는지 점검하는 때이기도 합니다. 한 해의 마지막에 서서 한번쯤은 뒤를 돌아보겠지만 이것은 앞을 내다보기 위함일 것입니다.

새해 첫날 맞이했던 하루와 오늘과 같은 마지막 하루는 별 차이는 없습니다. 우리는 그저 지금 부여받은 소중한 하루를 성실하게 최선을 다할 뿐입니다. 그것이 우리의 미래를 결정하는 가장 중요한 잣대가 될 것입니다. 한 해 동안 수고 많으셨습니다. 오늘도 소중한 하루 되시기 바랍니다.

Happy New year!

2015-12-31

인생을 낭비한
죄

영화 〈빠삐용〉을 아십니까? 1973년도에 개봉되어 명절 연휴에는 어김없이 방영되던 단골 명화였습니다. 이것은 실화를 소재로 쓴 소설이며 영화로도 만들어졌습니다. 책도 베스트셀러였지만 영화로 더욱 유명해진 이야기입니다.

젊은 시절에 몇 차례 영화로 보았으나 오래 전의 일이라서 세부적인 내용은 기억나지 않지만 줄거리는 이러합니다. 억울한 누명을 쓰고 옥살이를 하게 된 주인공은 자유에 대한 갈망으로 탈옥을 시도하게 되고 그로 인하여 그의 인생은 더욱 힘든 수렁으로 빠지게 됩니다. 그러나 자유에 대한 희망을 버리지 않는 주인공은 철저한 준비 끝에 '죽음의 섬'이라 불리는 곳(감옥)에서 탈출하는 내용입니다.

오늘 아침편지에 이 영화를 소재로 삼은 이유는 자유를 향한 열망을 이야기하려는 것이 아닙니다. 이 영화에 나오는 하나의 명대사를 소개하려고 합니다.

감옥 생활을 하고 있던 빠삐용은 어느 날 재판을 받는 꿈을 꿉니다. 재판관 앞에 선 빠삐용은 사람을 죽이지 않았다고 무죄를 주장하지만 재판관은 이런 판정을 내립니다.

"나는 네가 사람을 죽이지 않았다는 것을 알고 있다. 그러나 너는 인생을 낭비한 죄로 사형에 처한다."

아마도 이 영화에서 빠삐용의 꿈꾸는 장면은 감옥에서 탈출해야 하는 강력한 모티브로 사용되었을 것입니다. 지금도 내게 강력한 메시지를 주는 내용은 "인생을 낭비한 죄로 사형에 처한다."는 것입니다. 그리고 그 말에 자극을 받음으로써 탈옥을 꿈꾸는 것입니다.

목적도 희망도 없이 삶을 살아가는 것은 어쩌면 감옥에서 무료하게 지내는 것과 본질적으로 크게 다르지 않다는 생각을 해봅니다. 그저 열심히 산다, 그렇지 않다는 문제가 아니라 이리 저리 휩쓸려서 시간을 보내는 것은 어쩌면 인생을 낭비하는 일과 같다는 것입니다. 영화 빠삐용의 꿈에서는 사형에 해당되는 큰 죄인 것입니다.

2016년을 시작한 지도 한 달 반이 지나갑니다. 연초에 세웠던 계획들을 점검하고 특히 인생 전체에 있어서 자신이 가고 싶은 길을 걸어가고 있는지 돌아보아야 할 것입니다. 인생을 낭비하는 죄를 짓고 있지 않은지 성찰해야 할 때입니다. 보람 있는 하루 되시기 바랍니다.

2016-02-16

혹시 오늘
어려운 문제에 부딪히지는 않으셨나요

지난 연휴에 내린 눈으로 응달에는 빙판이 많습니다. 조금 방심하다 빙판 길에 넘어지게 되면 크게 다칠 수 있을 것 같다는 생각이 듭니다. 조심스럽게 빙판 위를 지나다가 마찰력의 필요성을 문득 생각하게 되었습니다.

「마찰력: 물체가 어떤 면과 접촉하여 운동할 때 그 물체의 운동을 방해하는 힘」

보통 마찰이나 마찰력을 이야기할 때에는 부정적인 의미로 사용될 때가 있는데, 만약에 마찰력이 없다면 빙판 길을 걷는 것처럼 무척 불편할 것입니다. 그래서 인생을 살아가는 데 적당한 스트레스나 긴장감이 성과를 촉진한다는 이야기에 동의를 하게 됩니다.

우리가 평소에 쉽게 걸어가는 것도 우리에게 적당한 마찰력이 있기 때문인 것입니다. 시기와 장소에 따라서 필요한 매너와 에티켓이 있는데 이런 것들은 개인에게 약간의 긴장감을 주기도 하지만 서로가 지켜야 할 것들이 관계에 있어서는 오히려 편안함을 줍니다.

어쩌면 모든 것이 마음대로 되고 아무런 방해를 받지 않으면 편안할 것 같지만 상당한 위험이 도사리고 있다는 것도 생각해야 합니다. 마치 아무런 마찰력 없는 빙판처럼 말입니다. 하루하루 자신을 돌아보며 살피는 것도 혹시나 게으르지는 않았는지, 타성에 젖어서 편안함에 안주하고 있는 것은 아닌지, 게다가 그런 일로서 타인에게 불편함을 주지는 않았는지 살피는 시간이 될 것입니다.

오늘 아침에도 빙판길을 걸으면서 생각했습니다.

오늘 주어진 여러 과제들이 어쩌면 내 삶을 지탱해 주는 동력이 될 수도 있겠다는 것입니다. 때로는 마음에 부담으로 다가서기도 하고, 약간의 불편함을 느낄 때도 있지만 이런 것들 하나둘이 자연스럽게 편안함으로 체내화되면서 삶의 의미를 찾아가는 것일지도 모른다는 생각입니다.

혹시 오늘 어려운 문제에 부딪히지는 않으셨나요? 집에서 나오면서 불편한 마음을 가지고 오지는 않았나요? 그것들이 스스로 이겨낼 정도의 일상에 지나지 않는다면 오히려 활력으로 만들 수도 있을 것입니다. 살아가는 데 있어 뜻대로 되지 않는 일들을 마주치는 것은 어쩌면 마땅한 일이며, 단지 그 상황을 대하는 태도가 자신의 인생을 만들어가는 중요한 요소가 될 것입니다. 행복한 하루 되시기 바랍니다.

2017-02-02

원치 않는 상황에서
힘들어하지 않고 빠져나올 수 있는 방법

우리는 부당한 일을 당하고, 때로는 억울하다고 느낄 때가 있습니다. 이런 일들을 잘 이겨내려면 마음의 불편함을 내보내야 합니다. 원인이 어찌되었던 간에 마음에 불편함이 늘 자리 잡고 있다는 것은 불행한 일입니다. 이러한 상황에서 어떻게 슬기롭게 빨리 빠져나오며, 자기 스스로를 긍정적인 상태로 만들어가느냐는 매우 중요합니다.

저는 어려서부터 좋아하는 단어가 여러 개 있는데, 이럴 때 필요한 것은 '용서(forgive)'입니다. 원치 않는 상황에서 힘들어하지 않고 빠져 나올 수 있는 방법은 자신의 잘못에 대해서 철저히 반성하되 그것에 함몰되지 않고, 특히 타인으로부터 억울함이나 부당함을 당하였을 때에 너그럽게 용서하는 것입니다.

그리고 하나 덧붙인다면, 용서는 하되 명심을 해두는 것입니다. 그래야 다시는 자신 스스로 똑같은 잘못을 행하지 않게 되고, 타인의 부당함으로부터 자신을 보호하게 됩니다.

"Forgive but not forget!"

마음에 불편함이 있을 때에 관용하고 용서하시기 바랍니다.

하지만 그 일을 잊어서는 안됩니다. 어쩌면 인생은 참아내며 오랜 기다림으로 완성되어 가는 것들이 많습니다. 특히 관계에 있어서는 그러합니다.

문제가 없이 잘 지나갈 때에는 누구나 비슷합니다. 일이 잘못될 때에 그것을 잘 극복하는 사람이 인생을 잘 매니지먼트하게 되며, 결국 좀 더 행복한 시간들을 만들어 갈 수 있습니다.

아침편지를 쓰다 보니 제 왼편 창을 통해서 태양이 밝게 떠오릅니다. 햇살이 오늘 따라 더욱 평안하게 느껴집니다. 오늘도 하루 동안 겪어내야 할 일들이 많을 것입니다. 마음이 늘 편안하고 즐거운 하루 되시기 바랍니다.

2017-04-03

앞서
생각하자

신(神)의 제왕인 제우스로부터 불을 훔쳐다가 인간에게 건네준 프로메테우스는 제우스의 분노를 사서 코카서스의 바위에 쇠사슬로 묶여, 날마다 독수리에게 간을 쪼여 먹히는 고통을 겪게 되고, 그의 동생인 에피메테우스는 형의 만류에도 불구하고 판도라와 결혼하여 인류의 불행이 시작됩니다.

'고대 그리스 신화'에서 대부분 한번쯤은 읽어보고 어렴풋이 기억할 것입니다. 여기서 '불'은 인류문명의 시작을 알리는 것이며, '판도라 상자'는 인류의 불행을 가져오는 계기가 되는 내용입니다.

오늘 아침 제가 이런 소재를 갖고 메일을 쓰는 것은 프로메테우스의 이야기나 판도라의 이야기를 하려는 것이 아니라 프로메테우스의 형제의 이름을 생각해 보고 싶어서입니다.

두 형제 이름의 뜻을 보면 프로메테우스는 '먼저 생각하는 사람', 에피메테우스는 '나중에 생각하는 사람'이라는 의미를 가졌다고 합니다. 여기서 제 나름대로 다시 부연하자면, 남보다 앞서서 생각을 하는 사람은 프로메테우스이며, 생각 없이 행동하다 뒤늦게 생각을 하는 사람은 동생 에피메테우스입니다.

프로메테우스는 비록 제우스의 불을 훔쳤지만, 인류의 문명이 시작되게 하는 큰 역할을 하였고, 그의 동생 에피메테우스는 형님의 조언을 듣지 않고 판도라와 결혼하여 그녀를 통해서 인류의 불행을 가져 오게 하는 역할을 하게 되었습니다.

비록 신화 이야기이지만, 두 형제의 이름의 뜻에서 시사하는 바는 우리가 '어떤 일을 할 때에 무슨 생각을 가지고 행동할 것인가?' 그리고 '어떤 마음가짐으로, 목적을 어디에다 두고 할 것인가?'이며, 다시 한 번 생각을 하게 만듭니다. 지금 자신이 하는 행동이 의미 있는 역할을 하고 있는 것인가를 다시 짚어보게 합니다.

남들보다 앞선 생각을 가지는 사람, 분명한 목적의식을 가지고 일을 하는 사람은 무언가 다릅니다. 그가 바라보는 세상이 다릅니다. 그래서 비록 현실이 힘들더라도 분명히 미래에는 더 큰 보람과 성취를 누리게 될 것입니다. 의미 있는 하루 되시기 바랍니다.

2017-05-29

자신의 길을
가라

人不知而不慍 不亦君子乎?

(남들이 나를 알아주지 않아도 화를 내지 않으니, 이 또한 군자가 아니겠느냐?)

　남들로부터 인정받고 싶은 욕구가 누구에게나 있습니다. 특히 성취욕구가 높고 남들보다 앞서려는 욕구가 강한 사람은 알아주지 못하면 못마땅해 합니다. 그런데, 공자는 이와 같은 태도를 버리고 스스로 끊임없이 학습하며, 노력하여 교양을 쌓고, 꿋꿋이 자신의 길을 가라는 말을 한 것 같습니다.

　새로운 조직에 들어온 새내기가 처음부터 인정받기는 아주 어려운 일입니다. 과거에 좋은 성과가 있었고 명문대학을 우수한 성적으로 졸업했으며 또는 프로 선수가 되기 전에는 최우수 선수상을 여러 차례 받았더라도, 새로운 사회나 레벨이 높아진 리그에 와서는 처음부터 다시 시작해야 할 일들이 아주 많습니다.

　그런데, 의외로 많은 사람들이 이런 가장 기본적인 사실을 모르고 지내다가 스스로 추락하는 경우를 보게 됩니다. 이와 반대로 처음에는 눈에 띄지 못하던 사람이 남의 시선에 아랑곳하지 않고 자신의 길을 꿋꿋이 지켜가면서 뒤늦게 인정받는 사람도 있습니다. 여기서 하고자 하는 말은 젊은 시절 작은 성취에 도취되어서 평생을 소인배로 살아가서는 안 된다는 것입니다.

지위가 올라가고 관리하는 조직이 커지면 스스로 어리석음에 빠지게 되는 경우가 많습니다. 주변 사람들이 인정해 주고, 그의 말에 긍정적인 대답만 해주니, 정말 자신이 대단한 것으로 착각한다는 것입니다. 그런데 세상에는 셀 수 없을 정도로 자신보다 훌륭한 사람들이 많다는 것을 잊지 말아야 합니다. 하찮은 지위로 인해서 자신의 평가에 거품이 들어가 있는 것을 모르고 착각하기 시작하는 순간부터 어리석음에 빠지는 것입니다.

저의 경우에도 집에서는 아내에게 인정받고 싶어서 자랑을 대놓고 늘어 놓을 때가 있는데, 그럴 때마다 아내는 밖에서 절대 그러지 말라고 경고합니다. 아내는 저의 부족한 점을 채워주고 응원하며 힘이 되는 사람인데도, 자칫 제가 으쓱거리는 모습을 보이면 단호하게 잘못을 깨우쳐주는 것 같습니다.

크게 보면 비슷한 사람들끼리 자랑할 만한 일은 없으며 서로 존중하고 배려하는 것이 더욱 중요할 것 같습니다. 중요한 것은 그들이 가진 생각에 따라서 인류에 이익이 될 수도 있고 재앙이 될 수도 있기 때문입니다. 인정받으면 즐거운 일이지만 인정받지 못한다 해서 화날 것도 없는 것 같습니다. 그저 좋은 생각을 바탕으로 일희일비하지 않으며 자신의 길을 꿋꿋이 가는 것이 군자가 아닌가 싶습니다.

2017-08-22

젊은 이에게 주는
충고

아침에 출근해서 시집을 뒤적이다가 평소 제가 후배에게 하고 싶었던 이야기를 시로 쓴 것이 있어서 참지 못하고 적어봅니다. 독일의 라이너 마리아 릴케의 〈젊은 시인에게 주는 충고〉라는 제목의 시입니다.

마음 속에 풀리지 않는 모든 문제들에 대해
인내를 가지라
문제 그 자체를 사랑하라
지금 당장 해답을 얻으려 하지 말라
그건 당장 주어질 수 없으니까
중요한 건
모든 것을 살아보는 일이다.
지금 그 문제들을 살라
그러면 언젠가 먼 미래에
자신도 알지 못하는 사이에
삶이 너에게 해답을 가져다 줄 테니까

일반적으로 10대에는 현실에 부정하며 반항하던 시기로 지나갑니다. 20-30대에는 자신의 미래에 대한 불안과 방황이 있으며, 어떤 사실에 대해서 주인이 되지 못하고 주변에서 맴도는 느낌이 들기도 합니다. 앞선 선배들에게 뒤떨어진다고 생각하며 반성하는 일도 많았습니다. 그때는 선배들이 하는 일들이 대단한 것인 줄 알았는데, 지나고 보니 그저 그런 일들이 많습니다.

20-30대에는 당장에 답을 얻으려고 하지 않고 노력하며 때를 기다려야 합니다. 또한 문제를 회피하지 않고 받아들이고 맞서며 경험을 축적해야 합니다. 어느 날 문득 40이 넘어서자 대단하게 보였던 선배들의 일들이 시시하게도 느껴질 것입니다. 이것은 젊은 날의 고뇌에서 터득한 삶의 지혜가 아닌가 싶습니다.

어떤 날은 미래가 보이지 않을 만큼 답답할 때가 있을 겁니다. 아직 경험(내공)이 부족해서 그렇습니다. 지나고 보니 릴케가 말한 것보다 더 빨리, 자신도 알지도 못하는 사이에 문제의 해답을 쉽게 찾는 날이 오게 될 겁니다. 그렇지 않다면 20-30대에 최선을 다해서 열심히 살지 않았다는 증거가 될 수도 있습니다.

젊은 날에는 특히, 현상에 집착하지 말고 모든 일의 본질에 접근해야 합니다. 문제를 피하지 말고 담담하게 매 순간을 바르게 대하고 자신의 것들을 사랑하며 살아야 합니다. 그리고 참아내며 기다리고 노력하세요. 멀지 않은 날에 풍요롭고 지혜로운 인생이 되어 있을 겁니다.

2018-06-04

삶
life

당신을 지탱해준 일상

이 장은 45살 때부터 59세 초가을까지 썼던 많은
편지들 중에서 지금까지 저를 지탱해준 개인적인
이야기로 이루어져 있습니다.

누구에게나 일어나는 소소한 이야기를 모았습니다.
여행, 시, 음악, 영화, 스포츠 등의 소재를 통해
가족과 행복하게 살아가는 이야기를 합니다.

살아가면서 아름다운 추억을 만들고 기억함으로써
우리는 행복을 얻는지도 모릅니다. 누구나 행복해야
할 소명이 있다고 생각합니다. 그래서 분주한 삶의
환경을 떠나지는 못하더라도 여유를 가지려는
모습을 담았습니다. 반복되는 일상 속에서도 스스로
활력을 만드는 데에 도움이 되기를 바랍니다.

오늘이라는 현재도
미래에서는 과거

누구든지 한번쯤 되돌아 가고 싶은 때가 있으실 겁니다. 2013년 12월에 개봉된 영국 영화 〈어바웃 타임〉의 장르는 로맨틱 멜로입니다. 시간여행이라는 특수한 설정을 가지고 인생의 아름다운 순간들 그리고 기억에서 지우고 싶은 시간들을 통해서 자신의 삶을 성찰해 보기에 좋은 영화였습니다.

크리스마스를 앞둔 주말에 온 가족이 함께 보았었는데, 이젠 시간이 많이 흘러서 이야기의 줄거리조차 선명하지는 않지만 잔잔하면서도 깊이 있게 다가왔던 영화였습니다. 그때 얻은 교훈은 너무나 자주 들었던 평범한 것이라서 더욱 공감을 하였습니다. 영화가 주는 감동은 다시 삶에 대하여 깊게 생각해 보게 하는데 '현재에 최선을 다해야 한다'는 것입니다.

우리는 과거로 다시 돌아가면 무언가 현재의 지금 모습에서 아쉬운 부분들을 보완하고 채울 수 있을 것 같지만 실제로 오늘 이라는 현재도 미래의 과거가 되는 것입니다. 추억은 아름답고 그리운 대상이 되기도 하지만 아픈 기억도 있을 겁니다. 현재 내게 주어진 환경에서 행복을 찾아야 하고 함께하는 소중한 사람들과 사랑을 나누어야 하는 것입니다.

코로나 이후로 한 번도 영화관에 가지 못했습니다. 영화관의 큰 화면과 좋은 음향 기기를 통해서 좋은 영화를 감상하고 싶은 마음이 굴뚝 같습니다. 올해 말까지는 코로나로부터 해방이 되었으면 합니다. 지난해부터 2년이란 세월을 정상적이지 못한 패턴으로 생활리듬이 바뀌어 산 것도 사실입니다. 장기간 유행병에 묶여서 삶의 팍팍함이 고착화될까 봐 약간 걱정도 됩니다.

주말입니다. 좋은 영화 한 편, 좋은 책 한 권, 그리고 멋진 음악을 듣고 체험하면서, 현재를 살아가는 지금 이때를 어떻게 하면 더욱 윤택하게 만들 것인지를 생각해 보는 주말도 괜찮을 것 같습니다.

시간이 흐른 먼 훗날에 오늘 하루에 대한 기억들이 행복을 가져다주는 그런 하루가 되시기를 바랍니다.

2021-04-16

양보할 수 있는
권리

제게는 세 명의 딸이 있습니다. 모두가 어린 나이라서 날마다 다툽니다. 분쟁의 이유를 들어보면 아주 어이 없는 사소한 것들입니다. 그러니 아직은 어린 아이인 것입니다.

이 분쟁을 해결하는 방법으로 세 가지를 사용했습니다. 첫째는 가위, 바위, 보로 선택의 우선권을 주는 것입니다. 둘째는 그것으로도 해결이 잘 안 되는 사안에 봉착하였을 때 5초 룰을 적용합니다. 화난 표정을 지으며 다섯을 셀 때까지 조용히 하라고 명령을 내립니다. 이 강력한 룰이 가동되면 모든 분쟁의 씨앗은 남아 있더라도 일단은 조용해집니다.

두 가지 룰을 바탕으로 하나를 더 추가했는데, 아이들에게 양보할 수 있는 권리를 돌아가면서 주는 것입니다. 그 자신이 '양보하는 날'을 정해 주는 것입니다. 서로에게 분쟁이 생기게 되면 그 양보하는 사람은 스스로 알아서 양보할 수 있도록 하는 것입니다. 어린 아이들이라서 아빠의 의도를 이해는 하더라도 실행하기는 쉽지는 않을 것입니다. 하지만 양보하는 것을 가르쳐주는 좋은 기회가 될 것 같습니다. 아마도 이것이 어느 정도 익숙해지면 알아서 서로 잘 양보하는 습관을 기를 수 있겠지요.

양보는 인생의 승리자로 만드는 성숙한 시민의 덕목입니다.

행복한 하루 되세요.

2006-03-08

아내를
응원합니다

아내는 이번 가을학기에 초등학교에서 어린 아이들을 가르치는 일을 시작했습니다. 파트타임으로 학업 성적이 부진한 학생들을 보충수업 해주는 일입니다. 아내의 결정에 적극적으로 환영하면서 나름대로 몇 가지 의미를 부여해 봅니다.

아내는 우리아이들의 성적이 나쁘지만은 않다는 착각에서 벗어날 기회를 얻게 될 것이며, 대학 시절에 교사가 되려고 했는데 늦게라도 가르치는 일을 하게 되는 것, 그리고 마지막은 불우한 환경에서 소외받은 학생들을 돕는 일이라서 더욱 보람된 일일 것입니다.

지난 주말에는 아내와 함께 그 아이들에게 나누어줄 선물을 샀습니다. 둘째 딸과 같은 5학년이라서 그 애의 조언을 참고하였습니다. 어제는 퇴근해서 아내에게 아이들의 반응에 대해서 물었습니다. 작은 선물이지만 무척 좋아하는 것을 느꼈다고 합니다. 아내는 우리가 느끼는 것 이상으로 도움이 필요한 아이들이 많이 있다는 것을 피부로 느끼고 있는 것 같았습니다.

이제 시작한 지 얼마 되지는 않았지만 의욕이 넘치는 아내에게 내 바람을 당부하였습니다. 이번 학기 동안에 아이들이 사랑을 받고 있다는 것을 느끼게 하고, 학업에 자신감을 갖게 하면 좋겠다는 말이었습니다. 과거에 제 학창 시절을 돌아보면, 학교에서는 모든 것을 학업성적으로만 학생들을 평가하는 데 익숙해져서 뒤떨어지는 어린 학생들에게 성적이 좀 저조하다는 이유로 패배감을 주는 경우를 자주 보았기 때문입니다

성적이 부진한 학생들 중에 한 명이라도 자신감과 세상을 아름답게 보는 마음을 갖게 한다면, 훌륭하게 사회인으로 성장하는 데 도움이 된다면, 아내에게 매우 값진 가을이 될 거라는 생각을 해봅니다. 아내의 새로운 도전을 마음속으로 응원하는 행복한 아침입니다. 커피 향이 훨씬 감미롭고, 부드럽게 느껴집니다. 모두 행복한 하루 되시기 바랍니다.

2006-09-12

어린 아이의
약속

어제는 아내로부터 막내 아이에 대한 재미있는 이야기를 들었습니다. 아내가 우연히 막내 아이의 일기장을 읽게 되었답니다. 아주 어리다고 여겼는데 그에게도 나름대로의 신의라는 것에 대한 확고한 생각이 있었나 봅니다.

'인터넷을 통해서 자료를 준비해 오는 숙제가 있었습니다. 친구의 집에 프린터가 고장나서 대신 준비를 해주겠노라고 약속을 하였습니다. 그 약속을 깜박 잊고서 학교에 가서야 생각이 났습니다. 그래서 친구에게 내 것을 주게 되었고 결국 나는 선생님으로부터 꾸중을 들었습니다. 그래도 별로 기분이 나쁘지 않았던 것은 친구와의 약속을 지킬 수 있었기 때문입니다.'

아내로부터 들은 이야기를 정리해 본 것입니다. 제 자식이기는 하지만 대견스러웠습니다. 이제 겨우 만 7년을 넘긴 어린 아이의 약속과 신뢰의 가치에 대한 이야기기 때문입니다.

생각보다 많은 사람들이 자신의 욕심을 채우기 위해서 약속을 헌신짝처럼 저버리는 행위를 자행합니다. 그것도 사회적으로 지도층이라는 사람들도 매일 그런 일을 합니다. 평범한 사람들에게 본보기가 되어야 할 지도층들이 오히려 불의한 모습으로 자주 언론에 등장합니다.

사회 지도층으로 갈수록 '신뢰'가 없어 보이는 사람들의 집단처럼 보여서 국민의 한 사람으로서 안타까움을 느낄 때가 많습니다. 함부로 약속하고, 너무 쉽게 변경하고 반복하고, 급기야는 약속을 저버리고, 그런 것을 자주 보게 됩니다. 서로에게 믿고 기대하는 것이 줄어든 세상이 되어가는 것 같아서 안타깝습니다.

아무리 작은 약속이라도 생명처럼 귀하게 여기는 신실한 모습이 그리운 아침입니다.

2007-01-17

부모님의
용서

어렸을 적에 큰 잘못을 저지른 적이 있습니다. 초등학교 5학년 때였습니다. 부모님께서 저금통에 잔돈을 모으셨습니다. 저는 과자를 사먹고 싶은 욕심으로 저금통에서 동전 몇 개씩 몰래 꺼내어 쓰곤 했던 것입니다.

아마도 처음에는 '이번 한 번만!' 하고는 양심과 적당히 타협하면서 시작했을 것입니다. 그런데 어찌된 일인지, 그런 일이 누적이 되다 보니 저금통의 동전 높이가 현저히 줄어든 것을 제 스스로가 느낄 정도가 되었습니다. 그때부터는 마음에 두려움이 생기기 시작하였습니다.

그러던 어느 날 아버님과 어머님께서 조용히 저를 부르셨습니다. 그리고는 저금통에 손을 댄 사실을 제게서 직접 확인하셨습니다. 저는 순순히 자백하고 용서를 구했습니다.

부모님께서는 꾸짖지는 않으셨지만 차분하고 냉정한 어조로 대략 이런 말씀을 하셨습니다.

"네가 한 일은 도둑질과 다름이 없는 나쁜 일이다. 하지만 이 사실에 대해서 누구에게도 이야기하지 않겠다. 나는 네가 남들에게 도둑으로 보이는 것이 싫기 때문이다. 앞으로 이런 일이 다신 없을 것으로 믿는다."

지금 기억에도 아주 간결하고 힘있는 말씀이셨습니다. 그 후로는 지금까지 살아오면서 아무리 작은 것이라도 남의 것에 대해서 부정한 욕심을 내본 적이 없습니다

부모님께서 용서에는 조금도 화가 섞여있지 않았습니다. 그저 아들에 대한 걱정과 사랑 그리고 따끔한 훈계였습니다. 어린 시절 그 용서는 지금까지 살아오면서 많은 도움이 되었습니다. 제가 많은 직원들과 함께 일하면서 용서가 가장 좋은 교육의 방법 중의 하나라는 원칙을 가지게 된 것도 아마도 이때의 일이 영향을 주었다고 생각합니다. 만일 그때 부모님께서 화부터 내시고 꾸중하시는 것으로만 일관하셨더라면 지금에는 나쁜 도둑놈이 되었을지도 모른다는 생각을 해봅니다. 다음에 아버님을 만나면, 이런 사실이 있었던 것을 아직도 기억하시는지 여쭈어 보고 싶습니다.

이해와 용서를 가슴에 담고 세상을 아름답게 만들어 가시기를 바랍니다. 즐거운 하루 되세요.

2007-07-12

행복의
통로

이젠 두꺼운 외투를 입지 않고서는 외부 출입이 힘들 정도로 날씨가 추워졌습니다. 자신도 모르게 겨울이 오는 것이 달갑지 않은 이유는, 마음은 청춘인데 신체적으로는 이미 추위에 내성이 약해지는 것이 틀림없기 때문입니다.

어제는 친구가 이런 이야기를 했습니다. 정말 기분 좋은 메시지를 오랜만에 받았는데 내용은 이러하답니다.

"지금 당신의 통장 안에 행복을 입금하였습니다. 행복을 찾을 수 있는 비밀번호는 웃음입니다."

그 메시지로 괜히 기분이 좋아졌다고 합니다. 오늘 아침 어떤 마음으로 하루를 시작하고 계십니까? 동료들과 반가운 인사를 나누며 웃음을 지으면서 하루를 시작하는 것은 어떻습니까? 제 친구가 받았던 즐거운 메시지처럼 당신의 밝은 인사가 자신과 동료에게 행복을 선사하는 중요한 일이 될 수 있다는 것을 생각해 보시기 바랍니다.

사실 웃음이라는 것은 행동으로 보여지는 것이지만, 그 안에는 늘 동료에 대한 애정이 있어야 가능할 것입니다. 함께 일하면서

서운했던 것보다는 감사했었던 일들을 가슴에 늘 간직하고 긍정적인 시각으로 세상을 바라볼 때에 우리의 얼굴에 미소가 자리를 잡을 수 있을 것입니다.

행복을 찾을 수 있는 비밀에는 여러 통로가 있는데 저는 감사하며 사는 것을 추천하고 싶습니다. 감사하며 세상을 살아가는 것은 세상을 아름답게 볼 수 있는 중요한 요소입니다. 감사할 일들이 없는 사람들은 감사를 모르기 때문입니다. 어쩌면 감사한 일들이 너무도 많은데 늘 부족을 느끼는 이유는 불만을 갖는 데 더 익숙해져 있어서 그럴 수도 있습니다.

출근하는 순간에도 감사할 것들은 수도 없이 많이 있습니다. 사무실을 깨끗하게 정리해 놓는 청소 아주머니, 사무실을 밝게 만들어준 전기 발명가, 아침 식사를 준비해 주시는 조리사 등등. 찾아보면 감사할 일들이 우리에게는 너무나 많습니다.

우리의 언어 습관에 '감사합니다'와 '죄송합니다'가 적절하게 사용된다면 삶에 편안함과 즐거움이 더해질 것입니다. 행복의 통로는 항상 열려 있는데 그 길을 막고 있는 것이 자신은 아닌지 살펴야 합니다. 오늘도 감사한 하루 되세요.

2009-11-17

어느
크리스마스 이브

대도시에서는 크리스마스가 다가오면 다운타운에는 현란한 불빛 그리고 캐롤이 곳곳에서 울려나고 이브 날에는 수많은 인파가 도심을 가득 채우며, 고급 식당마다 자리를 차지하기 힘들 정도로 부산합니다. 하지만 이곳 서산은 너무나 조용한 분위기입니다.

제가 12년 전 아산공장에서 근무할 때입니다. 크리스마스 이브 저녁에 당직근무를 하게 되었습니다. 당직이 아니었다면 교회에서 열리는 축하 행사에도 참석하고 가족과 함께 즐거운 시간을 가졌을 텐데, 적막한 당직실에서 TV 리모컨으로 채널을 돌리면서 크리스마스 이브를 보내고 있었습니다.

밤 늦게 내리기 시작한 눈은 크리스마스 이브 분위기를 한층 아름답게 만들어내고 있었는데 그 무렵 정문 경비실에서 전화가 걸려왔습니다. 부품 물류 차량이 왔는데 조수석에 젊은 여성이 함께 타고 왔던 것입니다. 출입을 관리하는 경비가 오늘만은 배려해주기를 바라는 일종의 허락을 구하는 전화였습니다. 출입규정에는 업무와 관련이 없는 사람을 공장 내부로 들여보낼 수 없게 되어 있었습니다.

순간 규정과 현실 사이에서 고민을 했지만 함께 들여보내라고 결정해서 통보를 했습니다. 그리고 출입기록은 분명하게 남기라고 했습니다. 그 후에 경위를 확인하여 보니 그 젊은 여성은 남자 친구와 크리스마스 이브를 보내기 위해서 서울에서 아산으로 내려왔고 밤 늦게까지 일을 해야 하는 남자 친구와 헤어지기 싫어서 차량에 동승해서 그곳까지 오게 된 것이었습니다.

사랑이란 것은 현실 논리로는 해결하지 못하는 묘한 힘이 있습니다. 여러 가지 상황에서 보면 도시의 화려함과 다양한 행사들을 뒤로하고 사랑하는 사람을 만나기 위해 무작정 먼 길을 나서서 지방에 내려온 것은 사랑의 힘이 아니고서는 이해할 수 없는 일일 것입니다.

우리가 세상을 살아가면서 행복감을 느낄 때가 많이 있습니다. 대학에 합격하는 일, 원하는 직장에 입사 하는 일, 대회에 나가서 우승하는 일 등등. 하지만 그런 기쁨들은 모두 시간이 지나면 다른 목표를 향해 가면서 쉽게 잊혀지기 쉽습니다.

그에 비하면 사랑이란 것은 지켜줄 수만 있다면 항상 삶을 더욱 값지고 아름답게 하는 힘이 있습니다. 12년 전 하얀 눈이 아름답던 크리스마스 전날 밤, 젊은 트럭 기사와 그 여자 친구의 크리스마스 이브를 기억하면서 입에 미소를 띄워봅니다.

잠깐만 하던 일을 멈추고 가만히 귀를 기울여보세요. 자신 본연의 가슴 깊은 곳에서 울려나는 사랑의 종소리가 은은하게 들려오지 않으십니까? 소중한 연말을 사랑으로 채우시기 바랍니다.

2009-12-15

사소한 약속은
없습니다

초등학교 시절에 어머님으로부터 들었던 이야기입니다. 지금도 왜 기억에 남아있는지 알 수는 없지만 약속에 대한 중요성을 강조한 어머님의 말씀이 어린 제게도 매우 인상 깊었나 봅니다.

시장(市場)에 가는 아버지를 따라가겠다고 보채는 어린 아들을 보고 아버지는 그 애를 달래기 위해서 무심코 이런 약속을 했다고 합니다. 울지 않고 엄마와 집에서 잘 있으면 시장보고 돌아와서 돼지를 잡아주겠노라고. 아들은 즉시 울음을 그치고, 아버지의 말씀대로 즐거운 마음으로 아버지가 돌아오기를 기다렸답니다.

그런데 약속을 잊고 시장에서 돌아온 아버지는 이미 집에서 돼지를 잡아 고기를 굽는 광경을 보게 됩니다. 돼지를 잡은 것을 의아해 한 아버지는 아내에게 그 이유를 물었답니다. 그 아이의 어머니는 남편에게 이렇게 대답했다고 합니다. "당신이 시장에 가면서 돼지 잡아주겠다고 약속하지 않았느냐?" 아들은 그 말을 듣고 나서 정말 엄마와 잘 지냈고 엄마는 약속을 이행한 것입니다. 아내는 이어서 "아이와의 약속을 지키지 않게 되면 거짓된 약속을 해도 된다는 것을 가르쳐주는 일이 되고 후에 성장해서는 신용이 없는 사람이 될 것이며 인생의 실패자가 될 수도 있다"라고 하였답니다.

저의 어머님은 말수도 적으셨지만, 상대를 불편하게 하거나, 상처받을 만한 말씀을 절대로 하지 않는 분이시며 냉철하셔서 실수를 않는 분이셨습니다. 이미 세상을 떠나신 지 10년이 지났는데도 가끔은 어머니가 그립고 보고 싶을 때가 있습니다. 어린 시절 어머님께서 가르쳐주셨던 몇몇 이야기들이 실제 삶에서 살아서 움직일 때가 있습니다.

저는 운이 좋게도 어머님의 성품과 유사한 아내를 만났고, 큰딸을 보면 어머니 그리고 아내와 거의 같은 성품으로 자라는 것을 느낍니다. 지나칠 정도로 철저하게 약속을 잘 지키고, 한치의 오차도 없이 있는 생각대로 말하고 행동하는 모습을 보면 어머니와 상당히 닮았습니다.

그 애가 남들보다 탁월한 재능을 가지진 않았더라도, 인생을 행복하게 살아가는 데 중요한 것들을 지니고 있는 것 같습니다. 분명히 타인에게 신뢰를 받으면서 잘 살아갈 것으로 보입니다. 그래서 표현은 하지 않아도 마음이 뿌듯할 때가 많습니다.

우리는 아무리 사소한 약속도 함부로 해서는 안됩니다. 예기치 못한 사정이 생겨서 약속을 못 지키게 되더라도 사전에 상대에게 이해할 수 있도록 설명을 해야 합니다. 신뢰를 잃게 되면 결국 모든 것을 잃게 될 것입니다. 신뢰는 모든 관계에 있어서 그리고 성공적인 사회 생활에 있어서 근간이 됩니다.

2010년 6월

슬픔을
나눌 수 있는 사람

지난 연말에는 수많은 사람들의 연락을 받아야 했습니다. 승진 축하는 이미 과분하게 받은 것 같습니다. 한동안 잊혀왔던 사람 그리고 전혀 예상하지 못했던 사람, 아무리 유추해도 이 분이 나를 어떻게 알았을까? 하는 경우도 있었으며, 신문에서 승진 소식을 우연히 보고 나서는 20년만에 다른 사람을 통해서 동일 인물인지 확인해 보는 친구도 있었습니다. 잊지 않고 기억해 준다는 것은 매우 감사한 일입니다.

그런데 좋은 일이 있을 때에 축하해 주며 기쁨을 함께 나누는 일도 중요하지만 슬픔을 당한 사람들에게 위로가 되는 일이 더욱 중요합니다. 기쁨을 나누기는 쉬운 일이지만, 슬픔을 나누기는 참 어렵기 때문입니다. 그래서 슬픔을 함께 나눈다는 것은 서로가 깊이 이해하고 있다는 의미가 되기도 합니다.

저는 주변 동료들의 축하에 잠시 정신 줄을 놓을까 봐 마음을 다져보곤 했습니다. 내게 주어진 성취란 것도 본질을 따지고 보면 내가 잘해서라기보다는 주변의 도움이 컸기에 가능했던 일입니다. 사람이 어리석게 되는 것은 순식간입니다. 자기가 잘나서 잘되어간다고 생각하는 순간부터 어리석어집니다. 그런 면에서 주위를 둘러보고 감사할 대상을 찾는 것은 행복한 일입니다.

겉으로 보이는 화려함 뒤에는 항상 그에 상당할 만한 아픔도 있다는 것을 잊지 말아야 합니다. 누구에게나 보이지 않는 상처가 있습니다. 그만이 간직하는 아픔이 있습니다. 단지, 그 상처를 스스로 치유하고 극복하고 있느냐의 문제가 남아 있을 뿐입니다.

저에게도 약간의 아픔과 고민이 있습니다. 그저 이해하고 사랑할 뿐입니다. 내가 어떤 사람을 사랑하는 이유는 그의 아픔을 알기 때문입니다. 오늘도 즐거운 하루이기를 빕니다. 그리고 희망찬 2011년도 되시기 바랍니다.

나는 눈물이 없는 사람을 사랑하지 않는다.

나는 눈물을 사랑하지 않는 사람을 사랑하지 않는다.

-정호승 〈내가 사랑하는 사람〉 중에서

2011-01-04

화목(和睦)

봄비가 촉촉히 내리는 출근 길을 아내와 함께 동행하였습니다. 차 창에 살며시 내려앉는 빗방울의 모습이 간밤에 시끄럽게 귀청을 울렸던 기계음과는 대조적으로 너무나 부드럽게 내 마음에 다가 옵니다. 짧은 10분 간의 아내와의 아침 동행이지만 아주 즐겁고 유 익한 시간입니다.

요즘에는 아내가 자주 출근을 도와줍니다. 저녁 약속이 많아 서 제 차는 회사에 있는 경우가 많습니다. 그렇다 보니 아내가 차로 회사에 데려다 줍니다. 아주 어린 시절 어머니가 등굣길을 도와주 었던 것처럼 푸근하고 마냥 편안한 걱정 없는 동행입니다. 아내는 출근을 시켜주면서 차비를 내라고 말하는데 항상 깜박 잊고 내리 게 됩니다. 다음 달에 아내의 생일이 돌아오니 한번에 몇 달치 차비 를 몰아서 내야 할 것 같습니다.

복잡하고 바쁜 세상을 살아가면서 가정의 소중함을 잊고 사 는 경우가 많습니다. 특히 고도로 산업화되어 물질이 주는 편리함 에 익숙해지면서 진정으로 소중한 것이 무엇인지를 잊고 지내기 가 쉽습니다. 이달이 지나면 계절의 여왕 5월입니다. 이 아름다운 기간을 우리가 '가정의 달'이라 명명한 것은 가족의 소중함을 다시 새겨보려고 하는 것 같습니다.

행복하기 위해서 여러 가지 요소들이 있는데, 그중에 빼어놓아서는 안될 가장 기본적인 것이 화목한 가정입니다. 세상을 사는 지혜도 대부분 가정에서 배운 것부터 시작되는 것을 많이 봅니다. 아이들이 성장하면서 함께 보내는 시간이 줄어듭니다. 그래서 요즘에는 주말 저녁이라도 애써 함께하는 자리를 만들려고 노력합니다.

함께 모여서 아이들의 어린 시절 모습이 담긴 사진첩을 보거나, 특히 아빠 엄마의 어린 시절 사진을 볼 때에 누가 의도하지 않아도 함께 웃고 감탄하고 즐거워합니다. 저도 빛 바랜 흑백 사진 속의 제 어린 모습을 보면서 참 많은 즐거움을 갖기도 합니다. 그리고 아빠나 엄마의 어릴 적 모습이 자신의 모습과 흡사한 점들을 발견하면서 또한 재미있어 합니다.

함께 같은 공간에 있으며, 같은 것을 보며 같은 생각을 하고, 함께 즐거워할 수 있는 것은 신께서 우리에게 주신 큰 축복입니다. 봄비가 촉촉히 내리는 오늘, 요란하지 않은 잔잔한 봄비처럼 평화로운 하루가 되시기 바랍니다.

저는 외부에 조찬모임이 있어서 잠시 후에 사무실을 잠깐 떠납니다. 10시쯤에 돌아오겠습니다.

2011-04-26

우리가
함께 공유해야 할 시간

'옷깃만 스쳐도 인연이다'라는 우리의 옛말이 있습니다. 아마도 이러한 말이 생겨난 것은 우리나라가 오랫동안 불교와 유교 문화권의 역사를 가지고 있어 연(緣)의 소중함이 바탕이 되었을 것이며, 지금처럼 큰 도시에 많은 사람들이 모여서 살지 않던 옛날에는 사람을 만날 기회가 드물어서였을 것 같다는 생각을 해봅니다.

현대를 살아가면서 우리는 수많은 사람을 만나고 헤어지고 그렇게 살아갑니다. 복잡해진 세상에서 누구를 만나도 특별하지 않으면 금세 기억에서 잊혀지는 경우도 허다합니다. 명함집을 정리하다 보면, 한참 기억을 더듬어야 생각나는 경우가 더러 있습니다. 이미 마음에서는 잊혀진 사람이었을 것입니다.

어제는 인사지원실장을 겸직한 이후 처음으로 전체 회식을 하게 되었습니다. 그중에는 제가 인사지원팀장을 처음으로 맡았을 때 팀원이었던 분이 몇 분이 계셨습니다. 10년 전에 처음으로 팀을 맡았던 조직에 담당 임원이 되어 돌아와서 모인 첫 번째 자리라서 내심 감회가 새롭기도 했습니다.

누구나 첫 만남이 때로는 두렵기도 하고, 설렘이 있으며, 그

만남 후에 만족해 하기도 하고 실망하기도 하는데, 저는 그 의미를 애써 축소하려고 합니다. 앞으로 우리가 함께 공유해야 할 시간이 너무 많이 남아 있기 때문입니다. 그래서 저는 첫만남의 소중함을 잊지 않으려 하지만, 언젠가 돌아서서 떠나는 뒷모습도 아름답게 만들려고 노력을 더하려 합니다.

어찌 보면 그 누군가의 기억에서 잊혀지는 것이 세상에서 가장 슬픈 일이 될 수도 있습니다. 첫 만남의 느낌도 무척 중요하지만 다시 만날 기약이 없는 이별을 맞이할 때에 더욱 의미를 부여합니다. 혹시 서운한 일이 있어도 떠나는 그에게 다시 해결할 시간은 별로 없기 때문입니다.

우리는 매일 서로를 존중하며 배려하고 살아가야 하지만, 그 연(緣)이 항상 멋지지만 않을 때에도 자신을 돌아보면서 더욱 마음을 아름답게 가다듬어야 합니다. 먼 훗날에 어디서 어떤 모습으로 만나든지 반갑고 행복한 시간을 나누는 우리가 되었으면 합니다. 좋은 하루 되시기 바랍니다.

2012-11-14

사람이 살아가는
정(情)

얼마 전 휴일 아침에 택시를 탔습니다. 폭염이 끝나지 않은 아침인데도 한산한 거리 때문인지 덥다는 생각이 크게 들지는 않았으며 휴일 오전의 테헤란로는 평온함을 느끼기에 충분했습니다. 언뜻 보기에도 70이 훨씬 넘었을 것으로 보이는 택시기사님은 제가 여쭈어보지도 않는 이야기를 하시곤 했는데 처음에는 관심 없이 그분의 말씀을 듣다가 조금은 미안해서 이야기에 관심을 갖고 호응을 해드렸습니다.

귀가 어두우신지 보청기를 하셨는데 가끔 하는 저의 질문도 제대로 못 알아듣고 동문서답하시는데도 그냥 들어주면서 긍정적인 응답을 해드렸습니다. 제가 '두 번째 손님이고 첫 번째 손님은 개포동에서 코엑스로 가는 첫 손님이었는데, 행선지를 정확하게 못 알아들어서 한 블록을 더 도는 바람에 손님에게 너무 미안했다'는 이야기, '최근에 귀가 어두워진 친구가 병원에 가서 진료를 받았는데, 청력이 떨어진 것이 아니라 귓속을 막고 있었던 이물질이 원인이라서 다행이었다'라는 이야기 등등 사실은 제게는 별 관심 없는 말들이었습니다.

그런데 짧은 시간이었지만 택시에서 내릴 때는 그분에게서 잊혀졌던 예전 사람의 정(情)이라는 걸 느끼게 되었습니다. 우리는 수많은 사람들을 만나고 헤어지며 늘 무표정하게 지나쳐버리는 일상에서 누구에게 편하게 이야기 한번 하지 못하는 세상을 살고 있다는 생각도 들었습니다. 아마도 그 할아버지 기사는 돈을 버는 것이 아니라 자신의 이야기를 들어주고 대화를 나눌 수 있는 고객을 만나고 싶어서 일을 하시는 것도 같았습니다.

　　스무살이 되던 58년도에 처음으로 강원도 탄광에서 탄을 캐는 일을 하시기 시작해서 지금까지 일을 하시게 되었는데, 탄을 캐는 일이 힘들어서 운전을 배우게 되었고 착실히 일하셔서 개인택시 자격을 얻어서 현재 30년째 개인택시를 하신다고 하셨습니다. 아침에 손자들과 양재천에 산책을 하고는 늦게 일을 나오신 이야기도 하셨는데, 그분의 이야기 속에는 두 가지 매너가 있었습니다. 욕심 없는 순수함 그리고 세상에 대한 긍정적인 시선입니다.

　　택시에서 내릴 때에 천 원 정도를 더 드리고 내리는 습관이 있는데 그날은 그 기사님이 오히려 300원을 적게 받으셨습니다. 제가 추가로 드린 돈을 돌려 주시면서 자투리 300원을 받지 않으신 것입니다. 괜찮다고 말씀드려도 극구 돌려주시는 것이었습니다. 그분의 진심 어린 표정에 동의할 수밖에 없었습니다.

　　그 분과의 나이 차이가 대략 25년, 내가 그 분의 연세가 되었을 때에 나는 세상을 어떻게 바라보며 살고 있을까요? 지금도 찾아보기 힘든 '사람 사는 정(情)'이라는 것이 미래에도 남아 있을까요?

2013-8-20

행복도
배울 수 있습니다

퇴근할 무렵에 회갑이 되어가는 누나가 SNS로 메시지를 보냈습니다.

'어머님이 살아계셨으면 오늘이 생신이네…'

짧은 글이었지만 잠시 나의 마음을 크게 흔들었습니다. 곧바로 이렇게 답신을 했습니다.

'그러게요. 어머님께서 하늘 나라로 가신 지 13년이 지났는데도 매우 그립습니다.'

특별한 경우가 아니라면 누구에게나 어머님은 마음 속에 아주 큰 자리를 차지하고 있을 겁니다. 제 나이 40이 되기도 전에 어머님께서는 하늘 나라로 떠나셨습니다. 아직도 어머님의 살아 생전의 모습이 생생한데 마음 속에서만 대화를 나눌 수 있는 것이 너무나 아쉽습니다.

살아가는 데 행복의 요소는 여러 가지가 있는데, 가족들과 나누는 사랑이 가장 큰 부분을 차지하는 것 같습니다. 특히 부모님으로부터 받은 사랑은 평생을 두고 잊혀질 것 같지 않습니다. 어머님을 생각하면 가슴이 저리는 것은, 철저하게 가족을 위해서 희생하시는 삶을 사셨기 때문입니다. 어머님께서 할머님이나 아버님을 대하시는 모습은 도저히 이 세상에 찾아볼 수 없는 천사의 모습이었습니다.

대가족을 챙기시다 보면 불편하신 일도 많으셨을 터인데 늘 참아내며 묵묵히 가족들을 위해서 헌신하시는 중에도 한번도 자신을 내세우시는 적이 없으셨습니다. 베이비붐 세대의 어머님들이 대부분 그러하시지만 우리 어머님도 자식에게는 무한한 헌신 그 자체였습니다. 자신을 위해서는 한번도 비싼 옷을 구입하는 분이 아니었는데, 자식의 취업을 기뻐하시며 백화점에 가서 비싼 양복과 코트를 사주시던 어머님, 제가 군에서 첫 휴가 나오던 날 버스 정류장에서 무작정 기다리시던 모습, 어머님이 보여주신 사랑의 기억들이 지금의 나를 행복하게 만들었을 것입니다.

숨가쁜 직장에서 항상 마음의 평정을 유지한다는 것은 매우 어려운 일입니다. 단지 마음의 평화를 해치는 상황이 발생되었을 때에 어떤 방법으로 빨리 벗어나고 자신은 물론 주변 동료들에게 긍정적인 환경으로 바꾸는 것이 중요합니다. 이것은 환경이나 타인의 몫이 아니라 자신에게 우선적으로 책임이 있다는 것을 마음에 새겨두어야 합니다.

행복은 어려서부터 배우고 익히며 훈련되는 것 같습니다. 저의 경우는 '어머님의 사랑'이 행복에 가장 큰 영향을 주었다는 생각을 합니다. 오늘도 행복한 하루 되시기 바랍니다.

2013-10-16

아름다운 기억을
꺼내 쓰세요

남들에게는 특별하지 않더라도 자신에게만 특별함이 있는 곳이 있습니다. 제게도 그런 장소가 있었는데 카페(CAFÉ) '하이델베르그'입니다. 지금은 그런 형태의 까페를 찾아보기가 어려운데, 제가 대학에 다니던 80년대 초반에는 주로 조용한 팝송이 흘러나오고 커피나 맥주, 칵테일 그리고 가벼운 서양음식을 먹을 수 있는 조그마한 카페들이 있었습니다.

대학 1학년 때에 처음으로 여자 친구를 사귀었는데 주로 만나던 카페 이름이 '하이델베르그'였습니다. 내부 인테리어는 통나무를 자른 그대로 질감을 살려서 탁자나 천정, 내부 벽을 만들었고 철제를 적절히 사용해서 약간은 고전적인 느낌의 분위기였습니다. 어둑한 공간에 조용한 팝송이 흐르고 탁자에는 늘 촛불이나 자그마한 등이 놓여있었습니다.

그때만 해도 해외여행이 아주 제한적일 뿐더러 인터넷 등 통신 수단도 없었고, 글로벌이라는 단어를 별로 사용하지 않던 시기라서 하이델베르그는 그저 역사나 사회 시간에 들어본 이름이었습니다. 그 카페를 자주 드나들게 되면서 하이델베르그는 독일에 있는 아주 오래된 대학도시이며, 고성이 있고, 2차 대전 당시에 연합군이 도시의 아름다움을 보존하기 위해서 폭격하지 않았다는 정도의 정보를 얻게 되었습니다. 그래서 언젠가는 그곳을 가보고 싶다는 마음이 있었습니다.

그 친구와 헤어지고 하이델베르그도 기억에서 잊혀져 있었는데, 20년이 지난 후에 독일 프랑크푸르트에 출장을 가게 되었습니다. 마침 출장지 가까운 곳에 있어서 하이델베르그에 처음 방문 하게 되었습니다. 아주 추운 겨울이었는데도 하이델베르그는 너무 조용하고 아름다운 도시였습니다. 하이델베르그 성에서 내려다보이는 붉은색 지붕의 오래된 건축물들 그리고 유유히 흐르는 강물, 강 건너편에는 괴테, 칸트 등이 산책을 했다는 오솔길, 아무튼 기대 이상으로 마음에 와닿는 도시였습니다. 아마도 잊고 지냈던 80년대 초반에 카페 하이델베르그의 추억이 있어서 더욱 친근하게 느꼈을지도 모릅니다.

인생을 살아가면서 팍팍하고 힘이 들기 때문에라도 아름다운 기억들을 가지고 있어야 합니다. 그래서 내일보다 젊은 오늘에 더욱 아름답도록 노력해야 하며, 특히 젊은 시절일수록 더욱 순수하고 진실성이 있는 모습이라야 합니다. 그래야 10년이 지나고 20년이 지났을 때 그 추억이 더 아름답게 보일 것입니다.

오늘도 아름답고 멋진 하루를 만들어 가시기를 바랍니다.

2014-01-16

불편함을 감수해내는
능력

어제 아침에 제주에서 강의를 마치고 회사로 복귀하기 위해서 일찍 공항에 갔습니다. 그런데 비행기에 탑승하고 눈을 감자마자 불편한 일들이 생기기 시작했습니다. 옆 좌석에 40대 후반 정도의 여성이 앉았는데 모든 행동들이 제 마음에 거슬렸습니다. 전화를 수시로 걸어서 시끄럽게 한다거나, 팔꿈치로 세 번 정도 제 몸을 부딪혀서 피곤에 지쳐서 잠이든 저를 깨운다거나, 심지어 음식을 먹는데 음식 냄새를 풍겨서 불쾌하게 하고 도대체 하는 행동 모두 예절이 전혀 없어 보였습니다.

사실 마음 속으로는 몇 차례 '몰상식한 행동에 주의를 줄까' 하는 생각을 가졌습니다. 특히 저는 남의 실수에는 관대하지만, 태도나 기본적인 생각에 문제가 있는 것, 예를 들어서 남을 배려하지 못해서 불편을 주는 행동은 짚고 넘어가는 성향이기 때문입니다. 특히 항공기가 이륙을 할 때에 통화를 하는 것을 보고는 정말 불쾌감이 머리 끝까지 차올랐습니다. '승무원을 불러서 주의 주라고 할까?' 하다가 자리를 바꿔달라고 하고 싶었습니다.

그런데 비행기에서 내릴 때에 정말 놀라운 반전이 드러납니다. 김포에 도착하여 먼저 일어나서 내릴 준비를 하면서야 옆 좌석 사람이 장애인이었다는 걸 알게 되었습니다. 아마도 시력과 발달에 지체가 좀 있는 분 같았습니다. 승무원이 자리에서 일어날 때부터 보살피고, 별도 통로로 부축을 해서 출구로 나가는 것을 보았습니다.

만약에 내가 불편을 감수해야 했던 일들로 인해서 승무원을 부르거나, 아니면 직접 그 사람에게 주의를 부탁했었더라면 정말이지 제 모습이 몹시 부끄러워질 뻔했습니다. 이웃으로부터 도움이 필요한 사람에게 오히려 불편함을 주는 형편이 되었을 거라는 생각을 하니 아차 싶었습니다.

공항에서 돌아오는 택시 안에서 몇 가지 생각을 하게 되었습니다. 제가 오랜 기간을 비즈니스석을 이용하는 것처럼 여러 면에서 편한 환경을 주로 접하다 보니 불편함을 감수해내는 능력이 줄어들었다는 것, 그리고 항상 이웃을 살피고 어려운 사람을 도와야 하는데 그저 혼자만 편리하려고 했다는 것, 그래도 편하지 않은 상태에서 좀 더 참았던 것이 그나마 다행이라는 것입니다.

자신이 원하던 삶을 지켜가는 것이 쉽지만은 않습니다. 자신을 끊임없이 돌아보지 않으면, 주변 환경이 계속 바뀌면서 자신이 어디에 있는지도 모르고 지내는 경우가 생깁니다. 자신을 성찰하고 이웃을 살피며 배려하는 태도를 잃지 말아야 좀 더 바르게 살 수 있으며 부끄러운 일을 당하지 않을 수 있다는 생각을 합니다.

2014-01-22

감사한 일들을
세어보세요

연속된 해외 출장으로 인해서 아침편지를 오랜만에 쓰게 됩니다. 아침편지는 아주 오래된 습관이지만 한동안 쉬었다가 쓰려니 어색함도 느낍니다. 자주 만나는 친구와는 늘 화제 거리가 끊이질 않는데, 오랜만에 만난 친구와 공통의 화제를 잡는데 쉽지 않은 것과 같은 느낌입니다.

요즘 읽는 책에 나오는 내용이지만 행복한 삶에 대한 평소의 제 생각과 같아서 소개하며 이야기를 시작하려고 합니다.[2]

'진정한 자신 내면의 소리에 귀를 기울이고 삶의 모든 순간을 온전히 즐겨라.'

우리는 바쁜 일상에서 다람쥐 쳇바퀴 돌리듯 살아가는 모습을 자주 보게 됩니다. 저 또한 어느 날 문득 특별히 의미 없는 시간을 느낄 때도 있습니다. 이럴 때일수록 자신만의 시간을 내어서 자신의 마음을 돌아보는 시간이 필요합니다.

이때 자신의 모습을 돌아보면서 새로운 결심도 하고, 진정으

---

2   발타자르 그라시안(2014), 〈인생을 어떻게 살 것인가〉, 좋은꿈.

로 하고 싶은 일들이 무엇인지 생각해 보는 시간을 가져야 합니다. 저의 경우는 출퇴근 시간이나, 주말에 한적한 교외에 나갈 때, 그리고 출근 직후 아침편지 쓰기 전에 이런 시간을 갖습니다.

행복하기 위해서는 우선 자신부터 사랑하는 훈련을 하여야 합니다. 우리에게 주어진 일을 열심히 하는 것도 마땅히 하여야 할 의무와 같은 것이지만, 정말 아무리 바빠도 자신의 진정한 마음을 찾아가는 시간을 수시로 가져야 합니다. 그때가 균형을 잃어 흐트러질 수도 있는 자신을 다시 세우기에도 좋은 시간입니다.

때로는 자신의 마음과 다르게 환경이 쉽게 허락하질 않더라도 자신을 지켜주는 가치를 유지하면서 무엇을 어떻게 하여야 하는지를 생각해 보아야 합니다. 그러면서 아름답게 살아가는 방법들을 찾아가는 것입니다.

행복을 쉽게 느끼는 방법(삶을 온전히 즐기는 방법)은 감사할 일들을 세어보는 것입니다. 만약 오늘 아침에 자신에게서 감사할 일들을 3분 이내로 10개는 찾아낼 수 있다면 행복한 사람일 것입니다. 그리고 그런 감사들이 자신의 삶에 긍정적인 영향을 주고 이웃에게 전달되도록 좋은 환경을 만들어가야 합니다.

오늘 아침에 잠깐의 시간을 내어 자신의 마음을 돌아보고 난 후에 자신의 주변에서 감사할 일들을 찾아보시기 바랍니다. 만약에 짧은 시간 내에 10가지 이상이 나오지 않는다면 아직은 지금보다도 더 행복하게 살 수 있는 훈련이 필요할 때입니다.

감사한 하루 되시기 바랍니다.

2014-03-19

삶을 풍요롭게 하는
1%의 비밀

팀장 시절에 대리들과 간단한 모임을 하면서 제가 구독하던 주간 경제지의 시카고대 경제학 교수가 게재한 글을 그들과 함께 읽었습니다. 구체적인 내용은 기억나지 않는데 메시지는 선명하게 기억이 납니다.

20세기 이후 급격하게 경제가 발전합니다. 이런 현상 속에서 현대를 살아가는 사람들의 모습이 그다지 행복해 보이지 않다는 것이며, 기업은 경쟁에서 살아남기 위해서 지속적으로 보다 매력이 있는 새로운 제품을 만들어냅니다. 이런 틈바구니 속에서 일반적인 소비자는 새로운 물품을 구매하기 위해서 밤낮 노동에 버둥거리며 살아갑니다. 이 모습은 마치 멈추지 않고 계속해서 속도를 더해야 하는 다람쥐 쳇바퀴 도는 것 같다고 언급하였습니다.

대리급 간담회에서 이 글을 함께 읽고는 다람쥐 쳇바퀴와 같은 일상의 굴레에서 어떻게 하면 벗어날 수 있을까? 좀 더 풍요롭고 윤택하게 살아갈 수 있는 방법은 없을까? 의견을 나누었는데 기분이 편해지는 않았습니다.

그런 사회에서 나름대로의 살아가는 방법으로 저는 1%의 법

칙을 이야기했습니다. 주된 내용은 개인적인 삶의 부분에서는 1%
내려놓자는 것입니다. 날로 치열해지는 경쟁 속에서 1%를 더 얻기
위해서 노력할 수밖에 없는 구조에 놓여있지만, 그것이 전적으로
개인적인 일에 해당한다면 최소한 1% 이상을 타인에게 양보하거
나 내어주자는 것입니다. 아마도 대부분의 사람들이 엉뚱하다고
판단하실 것입니다.

이것은 1%를 내어줌으로 마음에 여유와 평안을 얻으며 멀리
내다보면 이것은 1%를 내어준 것이 아니라 1%를 더 받는 삶이 될
것이라는 확신이 담긴 이야깁니다. 우리는 당장에 눈에 보이는 물
건이나 수치에 매몰되기 쉬운데 최소한 하루에 한 번은 일정한 거
리에서 살펴볼 필요가 있습니다. 아마도 이런 삶의 태도에 익숙해
지면 경제학자의 다람쥐 쳇바퀴 굴레에서 벗어날 수 있을 것입니
다. 제가 지금까지 경험한 결과로는 이런 행동은 미래에 대한 자신
감의 표현이라고 생각합니다. 물론 이때에 국가나 회사처럼 집단
이 모여서 성과를 내는 곳에서는 경쟁력을 상실시키는 원인이 되
므로 해당하지 않을 수 있습니다. 하지만 오롯이 자신의 문제라면
혼자서 컨트롤 할 수 있는 영역이라서 가능할 것입니다.

가끔씩 저는 아내에게 이런 부탁을 합니다. 우리가 가진 것 중
에 남에게 나누어 줄 수 있는 것들이 무엇이 있는지를 생각해 보
고 그것을 나누어주자는 것입니다. 특히 경제적으로 어려움에 처
해 있는 분들에게는 더욱 그러해야 합니다. 오늘은 자신이 가진 삶
의 크기를 넓히는 방법이 무엇인지 생각해 보는 하루 되시기 바랍
니다.

2014-05-21

질문에
답이 있습니다

음악의 아버지 바하와 음악의 어머니 헨델이 결혼을 한다면 어떤 아기를 낳았을까요?

어제 어떤 모임에서 있었던 넌센스 퀴즈입니다. 물론 바하와 헨델은 모두 남자이기 때문에 결혼하여 아이를 낳을 수는 없을 것입니다. 그래서 저는 음악적으로 이 문제를 풀기 위해서 바하와 헨델의 음악세계가 어떤 성향이며, 그들로부터 공통적으로 영향을 많이 받은 음악가는 누구인지에 대해서 잠깐 생각을 하였습니다.

여러 각도로 퀴즈의 정답을 궁리하는 중에 질문자로부터 답을 들은 저로서는 허탈하면서도 그저 웃을 수밖에 없었습니다. 정답은 '음악'이었습니다. 이미 음악의 아버지 음악의 어머니라고 질문에 답이 있었는데도 답을 찾기 위해 다른 엉뚱한 생각만 하고 있었습니다.

실제 살아가는 중에도 문제의 갈피를 못 잡고 깊은 고민에 빠져서 힘든 현실에 부딪힐 때가 있습니다. 그런데 그토록 어렵게 풀어가던 문제가 의외로 아주 가깝고 쉬운 곳에 해결책이 있는 경우도 있습니다. 어쩌면 이런 면에서 행복도 흡사한 속성을 가지고 있습니다. 주어진 답이 내 곁에 있는데 다른 곳에서 찾으면서 힘들어 하는 경우를 이야기하는 것입니다. 가장 대표적인 예가 바로 행복입니다. 그래서 누구나 행복하기를 원하지만 모두가 행복하지는 않습니다.

악마는 우리가 불행한 것을 좋아하기 때문에 인간의 행복을 훔쳐다가 인간이 가장 찾기 어려운 데에다가 행복을 숨겨 놓았다고 합니다. 그곳은 바로 '인간의 마음'이라고 합니다. 행복은 각자의 마음에 달려있다는 것입니다.

행복은 모든 일에 감사를 느낄 때와 자신이 누군가로부터 사랑을 받고 있다는 확신이 들 때, 자신이 누군가를 진심으로 도와줄 때 그리고 누군가를 조건 없이 사랑할 때에 얻는 것입니다.

문제를 쉽게 풀고 싶습니까? 나는 어디에서 행복을 느낄 수 있는지 스스로에게 물어보세요. 당신은 이미 답을 가지고 있습니다.

Have a good time!

2014-07-15

HOME으로
돌아가는 길

현대인들은 아침에 집을 나서면 하루 종일 집밖에서 생활을 하는 경우가 대부분입니다. '집 나가면 개고생이다'라는 말이 있듯이 집밖의 일어나는 일들이 만만치는 않습니다.

재미있는 야구 경기 한 편을 보고 나면 재미있는 인생의 교훈을 얻을 때가 많습니다. 게임의 전체적인 흐름을 보며 여러 가지 삶의 과정과 비교해 보기도 합니다. 오늘은 야구에서 홈(Home)이란 것과 우리의 가정을 함께 생각하려고 합니다.

야구에서 공격을 할 때에는 덕아웃(선수대기장소)에서 나와 타자 박스에 홀로 서게 됩니다. 이것은 바로 홈플레이트의 바로 옆에 위치합니다. 여기는 집을 떠나서 세상으로 나가는 첫 장소입니다. 물론 덕아웃에서 대기만 하는 후보선수도 있지만 이런 기간이 길어지게 되면 팀에서 방출되게 마련입니다. 그래서 평소에 열심히 실력을 닦아서 타석에 들어서면 어떡하든 1루로 진루해야만 합니다.

여러분은 지금 인생에서 어떤 위치에 서있습니까? 지금 어느 베이스에 나가계십니까?

1루 베이스에 나가서는 2루, 3루를 돌아서 어떻게 하든지 홈으로 들어가야 합니다. 도중에서 공격이 끝나게 되면, 아무런 소득이 없어집니다. 그래서 진루를 하기 위해 몇 발자국 더 나가려고 안간힘을 쓰며 상대(투수나 포수)의 견제구에 수도 없이 땅바닥으로 몸을 던져야 합니다.

후속타자의 도움을 기대하기 어려울 때에는 홈으로 가까이 가기 위해 상대의 허점을 찔러서 위험을 무릅쓰고 2루 또는 3루를 훔쳐야 할 때도 있습니다. 다행히 후속타자들의 좋은 타격이 이뤄지면 안전하게 홈에 들어오게 됩니다. 이때에도 단순하게 달려서 되는 것은 아닙니다. 잘 보고 판단해서 안전하게 갈 수 있는 곳까지 가야만 합니다. 자신이 먼저 판단하고 주루 코치의 지시를 참고해야만 합니다. 이렇게 하여 무사히 홈에 들어오면 환호를 하면서 기쁨을 만끽합니다.

물론 홈에 들어오지 못하는 경우도 꽤 많습니다. 아니, 타자박스에서 1루에 나갈 수 있는 확률도 50%를 넘기지 못합니다. 이만큼 인생에서의 성공이 쉽지만은 않은 것입니다. 오늘 이야기는 야구의 홈인(Home-in)과 거친 세상에서 가정(Home)으로 돌아가는 내용이었습니다.

오늘 아침 집을 나설 때에 무슨 생각을 가지고 시작하셨습니까? 그리고 매일 집으로 돌아갈 때에 발걸음은 가볍습니까? 만일 죽음이 다가왔을 때에 어떤 마음으로 대하실 것입니까? 홈(Home)에 돌아가는 일이 즐거워야 성공적이고 행복한 일이 될 것입니다. 만약에 지금 그렇지 못하면 뭔가 현재의 생각이나 습관을 잘 살펴보고 긍정적인 변화가 필요할 때입니다.

아무리 일에 빠져서 바쁘게 살아갈 때에도 가정(Home)은 모든 것들 중에 맨 우선이었습니다. 힘들고 어려워도 가장 위로가 되고 힘이 되는 것은 가족이었습니다. 오늘 새벽에 즐거운 마음으로 일터에 나오는 것도 가족을 위한 노력 중의 하나일 뿐입니다. 사회적으로 아무리 큰 성공을 했다고 하더라도 가정에서 실패하면 성공한 것이 아니라고 생각합니다. 행복한 가정 만드는 하루 되시기 바랍니다

2014-12-05

우리의 이야기가 담긴
물건

가끔 물끄러미 창밖을 내려다보거나 어떤 사물을 바라보는 습관이 있습니다. 그러다 새로운 생각을 떠올리기도 하고, 문득 오늘 해야 할 일들을 머릿속으로 정리하기도 합니다. 제 방이 16층의 높이에 남(南)과 동(東)쪽으로 환하게 트여있어서 밖을 내다보기에는 아주 적합한 위치입니다. 지금은 자동차의 불빛만 보여서 깜깜한 밤 같습니다.

몇몇 동료들과 아침 인사를 나누고 지금은 커피 한잔을 마시면서 평소처럼 아침편지를 씁니다. 이 시간은 하루 일과 중에 가장 평온한 저만의 시간입니다

문득 원탁에 놓여있는 연필통이 눈에 들어옵니다. 2004년 4월에 스탠포드대학 문구점에서 구입하였습니다. 자색계열의 잘 가공된 네모난 나무통 모습인데 10년이 지난 지금 보기에도 전혀 손색없이 멋져 보입니다. 사실 저것은 제가 소유하려고 한 것이 아니라 당시에 직속 상사였던 실장님에게 선물한 것이었습니다.

그런데 2년 전에 제가 이 방의 주인이 되어서 방을 정리하다가 발견하였고 9년 만에 제 손에 다시 들어오게 되었는데, 그 상사

는 이미 4년 전에 갑자기 하늘나라로 가셨습니다. 돌려드릴 수도 없고 해서 제가 3년째 사용하고 있습니다. 아마도 은퇴할 때에 제가 가지고 나가고 싶은 물건이 될 것 같습니다. 오랜 시간 저와 함께 했던 물건이라서 이젠 애정이 묻어나기도 합니다.

지금까지 살아오면서 수많은 사람들을 만나고 수많은 이야기를 들어오고 수많은 물건들을 소유했었습니다. 그러나 기억에서 흐릿해진 것들이 너무도 많습니다. 아니 아예 기억에서조차 사라진 것들이 무수히 많을 것입니다. 우리는 현대자동차라는 회사 아래에서 만나서 많은 시간과 공간을 함께하며 그 안에서 무수히 많은 스토리를 함께하고 있습니다.

그러나 언젠가는 아주 희미한 기억으로 남게 되거나, 흔적조차 없어질 수도 있을 것입니다. 그래서 우리가 함께하는 지금이 정말 소중해서 잊혀지지 않는 인연을 만들어가는 시간이 되기를 바랍니다. 그런 의미에서 잊혀진다(망각)는 것은 정말 무서운 것이라는 생각이 듭니다. 잊혀지더라도 아름답고 소중한 하루 되시기 바랍니다.

2015-01-13

나를
칭찬하고 싶다

제가 입사한 지 9132일째 되는 날입니다. 수많은 날 중의 하나일 수도 있겠지만 오늘은 제게 조금은 특별한 날입니다. 은퇴 후에 회사로부터 '평생명예사원' 자격을 받는 날입니다. 아침 식사를 하면서 아내에게 이 사실을 이야기해 주었습니다. 비교적 표현에 무덤덤한 아내도 장한 일이라고 표현해 주었습니다.

이런 날에는 늘 '감사'라는 단어가 먼저 생각이 납니다. 우선 건강을 허락하신 하나님, 그리고 신입사원 때부터 지금에 이르도록 애정으로 보살펴주신 수많은 선배, 후배, 동료들 모두가 도움을 주신 분들입니다. 모든 분께 깊이 감사를 드립니다.

대학 3학년때 우연히 접한 7권짜리 기업소설을 읽으면서 현대그룹에 대해서 애착을 가지게 되었고, 현대자동차를 선택하여 입사하게 되었습니다.[3] 같은 직장에서 26년째 다니고 있다는 것은 큰 복인 것 같습니다. 직장생활 초기에 정주영 회장님에 관한 서적

---

3   이 책은 1980년대 중반에 제작된 당시 '10대 기업 창업 비화' 시리즈들인 '현대그룹창업비화'로 현대그룹의 총수인 (고)정주영 회장의 일대기를 다루고 있음.

을 많이 읽어 보았는데, 책 속에 직장생활에서 갖추어야 할 자세(태도)를 마음에 새기며 배웠던 것 같습니다.

그래서 오늘은 현대그룹 창업자 정주영 회장님의 어록 중 일부를 발췌하여 공유하며 아침메일을 마치려고 합니다.

키워드를 살펴보면, 큰 일을 해내신 분의 특징을 잘 알 수 있습니다.

길을 모르면 길을 찾고, 길이 없으면 길을 닦아야지. 무슨 일이든 확신 90%와 자신감 10%로 밀고 나가는 거야. 고정관념이 멍청이를 만드는 거야. 성패는 일하는 사람의 자세에 달린 거야. 운이 없다고 생각하니까 운이 나빠지는 거야. 사업은 망해도 괜찮아, 신용을 잃으면 그걸로 끝이야. 아무라도 신념에 노력을 더하면 뭐든지 해낼 수 있는 거야. 더 바쁠수록 더 일할수록 더 힘이 나는 것은 신이 내린 축복인가 봐. 불가능하다고? 해보기는 했어? 시련이지 실패가 아니야.

오늘은 나 스스로에게도 칭찬하고 싶은 날입니다. 보람 있는 하루 되시기 바랍니다.

2015-02-12

잘된 선택으로
만들어라

몇 주 전에 신입사원 임원특강을 마치고 나서 이런 질문을 받았습니다. "지금까지 살아오시면서 가장 잘했다고 생각하는 선택은 무엇입니까?" 수백 명의 신입직원들이 관심을 가지고 무슨 대답이 나올까 하고 집중하는 것을 느낄 수 있었습니다. 저의 대답은 간단하고 분명했습니다.

"제 아내를 저의 배우자로 선택한 일입니다."

답변이 끝나고 잠깐 멈추는 듯하다가 일제히 박수가 터져 나왔습니다. 회사 근무 중에 일어났던 좋은 사례를 예상했었을 텐데, 뜻밖의 답변에 놀라며 공감한다는 의미였을 것입니다.

우리는 하루에도 수많은 선택을 하며 살아갑니다. 무의식적으로 루틴하고 쉽게 선택하는 일이 많지만, 정말 어려운 선택에 부딪힐 때도 있습니다. 그중에 가장 중요하고 신중해야 할 선택은 배우자를 고르는 일입니다. 단 한번의 선택으로 인생이라는 여행에서 가장 많은 부분을 함께 할 사람을 만나는 일이기 때문입니다.

배우자를 선택하는 일이 매우 중요한 일이지만 그 다음이 훨씬 더 중요하다고 생각합니다. 배우자를 선택하는 것은 기회비용을 따진다거나 상대적으로 비교를 해서는 안 되며 그럴 수도 없는 것입니다. 어쩌면 일단 결정을 하고 나서는 운명으로 받아들여야 하는 성격이 더욱 강하기 때문입니다. 그래서 서로가 세상의 어떤 사람보다 멋지게 만들어줄 의무가 있으며, 누구보다 행복을 느끼도록 함께 노력해야 합니다.

가장 안타까운 일은 죽을 때까지 사랑할 것처럼, 많은 사람들을 초대하여 축하 속 결혼을 해놓고는 배우자의 단점을 보기 시작하는 사람들입니다. 결혼 이후에는 배우자에게서 부족한 점이 발견되더라도 자신이 채워주고 감싸주어야 하는데 그렇지 못한 것입니다.

제 아내가 정말 괜찮은 사람이라고 말씀을 자주 드렸지만 그 사람에게도 부족한 점은 있습니다. 그럼에도 나의 부족한 점을 잘 보완해 주는 좋은 사람입니다. 중요한 것은 내가 배우자로 선택했던 일을 헛되게 하지 않으려고 노력한다는 것입니다. 결혼한 이후로는 나의 선택이 정말 잘된 선택이 되도록 만들어 가는 일이 무엇보다 중요합니다.

우리 회사 조직문화의 큰 장점 중에 이와 유사한 면이 있습니다. 목표가 세워지고 결정이 되면 모두가 합심해서 그 목표만 보고 달려갑니다. 여기저기 기웃거리며 또 다른 기회를 엿보는 시간으로 낭비하지 않는다는 것입니다.

모든 일에 최종 선택을 하기 전에 철저하게 분석하고 점검하여 최선의 선택을 해야겠지만, 그 후로는 그 선택이 먼 훗날에 잘된 선택이 되도록 하는 것은 분명하게 자신의 몫입니다. 좋은 선택을 만드는 기쁜 하루 되시기 바랍니다.

2015-03-27

고뇌의
크기

어둑한 새벽을 가르며 사무실에 나옵니다. 간밤에 내린 부슬비 때문인지 마음이 차분하게 가라앉는 느낌이 듭니다. 고요함 속에서 갑자기 사이먼과 가펑클의 노래 〈The sound of silence〉의 시를 읊는 듯한 노래가 귓가에 맴돌았습니다.

출근해서 이 노래에 대해서 검색을 해보았습니다.

'1964년도 발표, 별로 세인의 관심을 끌지 못했음, 이에 실망한 사이먼은 싱글 음반 발표, 그러나 그 이듬해에 프로듀서가 일렉트릭기타 반주로 믹싱해서 다시 발표함, 그 후로 1966년 1월 당시 비틀즈 세상이었던 빌보드 차트 1위, 더스틴 호프만이 출연해서 아카데미 주연상 후보에 올랐던 영화 〈졸업〉의 주제곡으로 삽입됨.'

저는 1980년도 초반에 20대를 맞이한 세대입니다. 그때부터 지금까지 〈The sound of silence〉는 항상 제 곁에 있었습니다. 20대 초에 즐겨 들었던 가요 중에는 지금도 같은 느낌으로 다가온 노래들이 있습니다. 이태원 〈솔개〉 그리고 산울림의 〈독백〉이라는 노래입니다. 지금 돌아보면 고뇌가 많았던 20대 초반 청춘에게 한 번쯤 마음을 움직이는 가사들이 있었다는 것이 이 세 노래의 공통점입니다.

지금은 아주 오래된 기억이며, 이미 자녀들이 나의 그 시절을 지나고 있는 세대가 되었지만 이렇게 하늘과 대지가 차분한 날에는 그때의 기억들이 스멀거립니다. 그리고 그때 당시 동시 상영하는 소극장에서 더스틴호프만의 영화 〈졸업〉을 보았던 기억이 있습니다. 이 영화 또한 젊은 이들의 현실과 비현실 사이에서의 방황을 그렸던 작품입니다.

지금 돌아보면 젊은 시절의 고뇌와 방황은 좀 더 성숙하기 위한 필수과정이었으며, 그렇게 커 보였던 당시의 일들이 지금은 그저 작고 귀여웠던 추억일 뿐입니다. 산울림의 〈독백〉이란 노래의 가사 몇 줄을 쓰면서 아침편지를 마칩니다.

어두운 거리를 나 홀로 걷다가 밤 하늘 바라보았소. 어제처럼 별이 하얗게 빛나고 달도 밝은데 오늘은 그 어느 누가 태어나고 어느 누가 잠들었소. 거리에 나무를 바라보아도 아무 말도 하질 않네. (중략) 하지만 밤이 다시 찾아오면 노을 속에 뿔뿔이 흩어지고 할 일없이 이리저리 헤매다 나 홀로 되어 남으리. 야윈 어깨 너머로 웃음소리 들려 돌아다보니 아무도 없고 차가운 바람만 얼굴을 부딪고 밤이슬 두 눈 적시네. 나 혼자 눈 감는 건 두렵지 않으나 헤어짐이 헤어짐이 서러워.

2015-04-01

꿈을
왜 이루어야 할까요

절대로 꿈을 포기하지 말게. 자네가 무언가를 간절히 원할 때, 온 우주는 자네의 소망이 이뤄지도록 도와준다네. 꿈을 이루지 못하게 만드는 것은 오직 하나, 실패할지도 모른다는 두려움일세.

파울로 코엘류의 소설 〈연금술사〉에 나오는 대사입니다.

삼십이 되어서야 나의 꿈이 무엇인지 깊게 고민을 해보았습니다. 그저 어렸을 적엔 부모님 손에 이끌려서 학교에 다녔고 학업 성적에 적당한 고등학교와 대학교를 다닌 것 같습니다. 그리고 대학 졸업반이 되어서야 진로에 대해서 현실적인 고민을 하게 되었고 기업으로 진로를 정한 뒤에야 삶에 대한 깊은 고민 없이 정해진 길만 보고 열심히 달려왔던 것을 알게 되었습니다. 꿈을 이루기보다는 현실적인 환경에서 맞추어 살아온 것 같습니다.

아주 어려서는 관광버스 운전사나 군인이 되고 싶었던 기억이 있습니다. 이유는 간단합니다. 어릴 당시에 파란색 와이셔츠에 하얀색 멋진 모자를 쓰고는 어딘지 모를 곳으로 운전하여 달려가는 모습이 멋져 보였기 때문입니다. 그리고 군인이 되고 싶었던 것은 제복을 입은 군인의 씩씩한 모습이 너무 멋져 보였던 것입니다. 이런 어린 시절의 막연한 생각들을 제외하고 굳이 꿈이 있었다면 대학생 이후부터는 사랑스런 아내와 함께 평화스러운 가정을 이끄는 모습을 자주 상상했습니다. 아마도 성인이 된 후부터는 특정한 직업이나 지위에 비중을 두는 것이 아니라 일상의 평범한 행복을 꿈꾸었던 것 같습니다.

꿈을 이룬다는 것 그리고 성공적으로 살아간다는 것은 어떤 생각과 태도를 지녔느냐에 운명처럼 이끌려가는 것 같습니다. 돌아보면 저의 경우는 분명히 그렇게 되고 있습니다. 특별히 무엇이 되고 싶다거나, 무엇을 얻고 싶다는 것은 없었지만, 마음속 깊이 지니고 바랐던 것들은 시간이 지나면서 하나둘 현실로 나타나는 것을 느낍니다.

꿈은 좀 더 가치 있고 본질적인 측면에서 생각할 필요가 있습니다. 많은 사람들이 행복을 추구한다고 하지만 대부분의 사람들은 순서가 뒤죽박죽 바뀌어있습니다. '무엇이 될 것인가? 무엇을 얻을 것인가?'에 먼저 집중하지 말고 무엇 때문에 그것을 이루려고 하는지부터 잘 생각하며 그것의 가치를 잘 판단해야 합니다.

마음속 깊이 새기고 바라던 곳을 향해 정진하다 보면 꿈은 자연스레 이루어질 것입니다. 당신의 꿈은 왜 이루어야 할까요? 꿈의 가치를 생각해 보는 하루 되시기 바랍니다.

2015-06-03

변한 건
누구일까

어린 시절에 살던 집은 과수원의 한 가운데에 있었는데, 전통적인 'ㅁ'자형의 한옥이었습니다. 남서향이라서 석양이 질 때면 붉은 노을이 너무나 아름답게 보였습니다. 대문으로 들어서면 안마당을 거쳐서 토방이 있고 그 위에 일자형 마루가 있는데 그 마루를 따라서 방이 2개 있으며 마루의 남쪽 끝에 대청마루가 있었습니다. 안뜰을 건너 내려다보이는 곳에 방이 세 곳이 있었는데 바깥을 향해 문이 나 있는 곳을 사랑방이라고 하고 또 다른 방들은 건넌방이라고 불렀습니다.

학교에 들어가기 전에는 과수원 밖에서 친구들이 놀러 오곤 했는데, 친구가 찾아오지 않는 날에는 바깥 마당에서 혼자서 공놀이를 하다가 지루해지면 일해 주시는 아저씨를 따라다니며 과수원을 다니거나 시장이나, 다른 동네에도 함께 가보곤 했습니다. 지금 돌아보면 일꾼 아저씨가 나를 귀찮게 여길 수도 있었을 텐데, 말동무도 해주신 것을 보면 귀엽게 보아 주셨던 것 같습니다.

아저씨가 바빠서 함께 놀아주지 못하게 되면 마당에서 뛰어놀다가 명석 위에 누워서 뭉개 구름이 둥실 떠가는 파란하늘을 보았는데 솔개(소리개)가 유유히 하늘을 맴도는 모습을 자주 보았습니다. 그래서인지 80년 대 초반 이태원이라는 가수의 〈솔개〉라는 노래를 꽤나 좋아했고 지금까지도 즐겨 듣는 노래 중 하나입니다.

지금 고향에는 어린 시절 보았던 기억 속에 아름답던 모습을 찾을 수가 없습니다. 하늘을 유유히 떠돌던 솔개도 없고 파란하늘도 없습니다. 키가 큰 칸나 꽃밭도 보이지 않습니다. 살던 한옥집은 이제 사용하지 않고 그 옆에 서양식의 새로운 집이 있습니다. 물론 과일이 가득했던 창고도 텅텅 비어있습니다.

'나이가 들어가는 걸까?' 가끔씩 옛날이 그리워집니다. 그때 함께 뛰어 놀던 고향 친구들, 과수원 일을 도와주시던 많은 분들이 '지금은 어디에서, 잘 살고는 계실까?' 궁금해지기도 합니다. '고향에 내려갈 때마다 바쁘다는 이유로 잠깐 머무르고는 서울로 오게 되니 더욱 옛날 모습을 찾아볼 기회를 갖지 못하는 것은 아닐까? 솔개는 지금 없더라도 파란 하늘은 그래도 있을 텐데.'

사실 세상도 많이 변하였지만 어쩌면 내가 더 많이 변해서 고향을 잃어버린 것 같다는 생각도 해봅니다. 변해버린 자신의 모습을 돌아보면서 세상에다 달라졌다고 핑계를 대는지도 모르겠습니다. 이건 세상이 바뀐 것보다 내가 바뀐 것이 더 클 수도 있습니다.

정체성을 찾아보는 것, 자신의 어린 시절을 기억해내는 것, 아름다운 옛 일들을 추억하는 것, 이런 일들로 하루를 채워보시기 바랍니다.

2015-06-10

파도를 기다리는 능력

요즈음 큰딸 아이가 밤 늦게 일에 열중하는 모습이 자주 눈에 뜨입니다. 여름 방학 동안 취업을 목표로 인턴 생활을 시작했는데, 옆에서 지켜보니 마음에 부담과 스트레스를 받는 것 같습니다. 부모로서 안타까운 마음도 있지만 만만치 않은 세상을 알아가는 것 같아서 내심 흐뭇함도 있습니다.

모든 아빠들이 그럴 것 같은데, 자기 자식은 항상 뭔가 어리고 부족한 것 같습니다. 벌써 대학 졸업반인데도 부모 입장에서는 회사에 나가는 모습을 보면, 물가에 내놓은 어린아이 같이 늘 마음이 편하지는 않습니다. 하긴 스물 넷이면 본인은 성인이 되었다고 여기겠지만, 제 경험상으로는 이제 시작일 뿐입니다. 좀 더 현실적으로 세상을 체감하면서 배워야 할 것이 너무 많은 나이입니다. 수도 없이 자신을 쓰러트리고 깨져보아야 조금은 세상을 알게 될 것입니다.

부모 입장에서는 온실 속에서 곱고 예쁘게만 자란 녀석을 거친 파도가 울렁이는 바다에 내어놓는 기분과 같습니다. 앞으로 세상의 거친 파도를 수도 없이 넘어야 할 것입니다. 어떻게 하면 파도를 즐기면서 무리 없이 잘 넘어가게 할 것인가를 가르쳐주고 싶은데, 적어도 몇 번은 스스로 그 파도에 빠져보아야 잘 이겨내는 방법을 알게 되겠지요.

인생을 살다 보면 작고 큰 파도들이 수도 없이 왔다가 쓸려갑니다. 단지 그런 파도들을 어떻게 슬기롭게 즐기면서 넘을 수 있을까요? 아마도 이런 고민이 가장 많을 때가 20-30대 인 것 같습니다. 마흔이 넘으면 웬만한 파도는 담담하게 기다리는 능력이 있어야 합니다. 오히려 더 큰 파도가 올 것을 예상하며 대비하는 담담함이 있어야 합니다. 그리고 오십 대가 되면 어떤 파도가 닥쳐와도 즐길 줄 아는 수준에 와 있어야 합니다. 그래야 성공적인 인생 길을 걸어가게 될 것입니다.

저는 큰 아이의 최근의 모습을 보면서 안쓰럽기도 하지만 좀더 성장하는 과정이 되기를 간절히 바랍니다. 인생은 끊임없는 성장입니다. 그리고 젊은 시절에 배워야 할 성장의 단계가 있습니다. 그것을 잘 넘겨야만 그 다음 단계가 더욱 빛날 수 있습니다.

많은 고뇌와 두려움이 따를 것입니다. 그러나 지나고 보면 자신을 더욱 강하게 하는 과정이었다는 것을 돌아보면서 즐겁게 이야기할 수 있을 것입니다.

내일부터 비가 내리면 더위가 한풀 누그러진다고 합니다. 날씨는 무덥지만 마음만은 어떤 파도가 와도 즐기면서 넘을 수 있는 활기찬 하루 되시기 바랍니다.

2015-08-11

당신은
어떤 행복을 원하십니까

얼마 전에 LPGA에서 활동하고 있는 박인비 선수가 커리어 그랜드슬램을 달성하였습니다. 여기서 그랜드슬램이란 세계 4대 메이저 대회를 모두 우승한 것을 일컫는 말인데, LPGA 역사상 커리어 그랜드슬램을 달성한 사람은 7명밖에 없을 정도로 대단한 기록입니다.

신문 기사에 그녀의 행복에 대한 인터뷰 기사를 읽다가 저와 같은 생각을 갖고 있어서 공감했던 적이 있습니다. 그래서 그의 인터뷰 기사 원본을 그대로 옮겨서 소개해 보겠습니다.

모든 사람은 행복하게 살고 싶어한다. 나도 명예의 전당이나 그랜드슬램 같은 목표를 세우고 선수생활을 했다면 지금 여기까지 오지는 못했을 것이다. 접근하는 방식이 달라져야 한다. 즐겁고 행복한 사람이 되기 위해서 지금 골프를 하고 있는 것이다.

그랜드슬램을 이미 달성한 박인비가 명예의 전당에 오르는 것은 시간 문제일 것입니다. 물론 그런 명예로운 기록을 세우고는 싶지만 그것이 인생의 전부는 아니었다라는 이야기며, 매 순간마다 자신이 하는 일을 즐기면서 최선을 다하다 보니 지금의 자리에 있게 된 것이라는 이야기로 들립니다.

박인비 선수의 행복에 대한 담론에 대해서 제 나름대로 다시 정리해 보면 이러합니다.

'무엇이 되고 싶다거나 무엇을 이루면 좋겠다는 생각을 가진 적은 있지만, 그것에 매몰되는 것을 경계했습니다. 자칫 내가 원하는 행복과 멀어질 가능성이 있기 때문입니다. 하루하루 자신에게 주어진 일에 최선을 다하고 남들의 시선을 의식하지 않으며 성실하게 자신의 길을 가는 법을 즐겼습니다. 그런 다음에 자신에게 주어지는 결과는 그저 하늘이 준 선물이라고 생각하니 모든 것이 감사해졌습니다. 그것이 참된 행복입니다.'

박인비 선수의 행복에 대한 생각을 엿보니, 그녀가 성취하고 행복할 수 있었던 이유는 필연적으로 그녀의 삶에 대한 철학 때문인 것 같습니다.

행복하게 살아가기 위해서 무엇이 우선인지, 어떻게 접근해야 하는지는 매우 중요한 것 같습니다. 이것이 뒤죽박죽 되어있는 사람, 그때마다 바뀌는 사람, 아니면 거꾸로 가는 사람들은 잠깐은 성취의 기쁨을 느낄지는 모르지만 진정으로 행복하기는 쉽지 않을 것입니다. 행복한 하루 되세요.

2015-08-19

가장
값진 유산

어린 시절에 아버님께서는 저녁식사를 마치면 일주일에 한 번은 형제들을 모아 놓고 책을 읽게 하고 의미를 알기 쉽게 설명해 주셨는데, 특히 잠언서(Proverbs)를 주로 읽었습니다. 어린 시절 그 시간이 즐겁지만은 않았었는데, 어느새 저도 아버님처럼 매주 한 번씩은 같은 방법으로 아이들과 함께 책 읽는 시간을 갖고 있습니다. 지금 보니 어쩌면 이런 것들이 부모로부터 물려받은 유산 중에서 가장 값진 유산이라고 생각하게 됩니다

잠언서는 이스라엘의 지혜의 왕으로 알려진 '솔로몬'의 잠언집입니다. 제가 아이들을 키우면서 자연스럽게 어린 시절 아버지로부터 받았던 삶의 지혜를 아이들에게 들려주고 있는 것입니다.

큰 아이가 초등학교 들어갈 무렵에 '저 아이가 자라서 행복하게 살게 하려면 부모가 된 사람으로서 무엇을 할 것인가'를 생각한 것이 시작이었습니다. 재산을 모아서 남겨주는 일보다 자식에게 해줄 수 있는 더 가치 있는 일은 '지혜를 가르치는 것'이라고 생각했습니다. '어떤 생각을 갖고 어떻게 살아갈 것인가'를 가르쳐주고 싶었습니다. 아마도 40년 전에 아버지께서도 같은 생각을 가지

고 우리 형제들에게 잠언을 읽게 하셨을 것입니다.

물론 오십을 넘긴 지금도 잠언에서 배운 그대로 행하지 못하여 반성도 하지만 그래도 마음에 새겨져 있는 좋은 지침들이 스스로를 책려하고 바른 길로 잡아줍니다.

자칫 자식들에게 물려줄 유산으로 물질적인 재산만 생각하는 경우가 많습니다. 그런데 자식에게 물려주어야 할 것은 재산보다는 가치관이나 철학을 바르게 정립시켜 주는 일입니다. 자칫 눈에 쉽게 보이는 것을 소중하게 생각할 수도 있습니다. 하지만 사실 이런 것들은 얼마든지 어렵지 않게 얻을 수 있는 것들이며 반대로 쉽게 잃을 수 있는 것입니다. 이에 반하여 사람의 인성이나 가치관 등은 쉽게 바뀌지 않습니다. 어려서부터 잘 가꾸어져야 인생을 지혜롭고 행복하게 살아가게 될 것입니다.

2015-12-16

매 순간을 어떻게 하면 좋게 만들 것인가

마지막 한 장 남은 12월 달력에는 영어로 'December'라고 적혀 있습니다. 터무니없는 이야기지만 이 단어를 보면 저는 'Remeber'라는 단어를 연상합니다. 두 개의 알파벳만 바꾸면 같은 단어가 되며 같은 음절로 구성되어 있어서 그런 것 같습니다. 여기에다 억지를 더 부린다면 12월은 기억하거나 돌아볼 일이 많아서 그럴 수도 있습니다.

2015년 한 해가 이틀 남았는데 좋은 기억이 많은 해이기를 바랍니다. 저는 어려서부터 지금까지 기억력이 좋다는 소릴 참 많이 들어왔습니다. 어떤 분은 가끔 저에게 '기억을 잘하는 특별한 이유가 있느냐?'라고 질문을 하시는데, 사실 저도 그 이유는 잘 모릅니다.

굳이 답변을 한다면 기본적으로 타고난 기억력이 좋은 편인 것 같고, 어떤 사실이나 사람에 대한 관심이 좀 많은 편이며, 어려서부터 일기를 쓰면서 하루를 돌아보는 습관이 기억력을 더 좋게 만든 것 같습니다.

보통 사람들은 오래된 일들에 대해서 정확하게 기억은 못하지만 매 순간순간 경험했던 일들이 자신도 모르는 사이에 자신을 형성한다고 합니다. 그래서 좋은 경험들을 많이 만들고 좋은 기억들을 많이 가지고 있어야 합니다. 이런 사람들이 자신을 행복하게 만드는 것은 물론 타인까지도 행복하게 만들 가능성이 많습니다.

그럼 매 순간을 어떻게 하면 좋게 만들 것인가? 선천적으로 좋은 환경(유전자)을 타고 났을 수도 있으나 스스로 자각하고 훈련함으로써 가능할 것 같습니다. 똑같은 환경에서도 사람들이 생각하고 판단하고 행동하는 방식이 다른 것을 보면 그렇습니다. 어떤 환경 하에서도 넉넉한 마음으로 여유를 갖고 긍정적인 사람이 있는 반면에 전혀 반대의 사람들도 있으며, 그들의 특성을 잘 살펴보면 자신도 모르는 사이에 현재의 방법에 익숙해져서 스스로가 어떤지를 잘 모르고 있기 때문입니다.

그래서 보다 행복하게 살기 위해서는 지금 이순간부터라도 행복하게 사는 방법에 익숙해져야 합니다. 마음가짐이나 태도를 잘 형성하여야 하며 실천해서 자신의 것으로 만들어야 합니다. 어떤 순간이든지 가장 좋은 경험을 만들어내고 좋은 기억으로 연결할 수 있는 비결들도 만들어내야 합니다.

한 해를 돌아보게 되는 시간입니다. 좋은 기억들 많이 간직하시고 지금 이 순간에도 긍정적인 마음을 가지고 행동으로 실천하는 행복한 하루가 되시기 바랍니다.

2015-12-30

누구에게
보석이 되어줄 것인가

좋은 아침입니다.

미국의 전 대통령 빌 클린턴이 힐러리와 함께 여행 중에 주유소에 갔다가 힐러리의 옛 남자친구를 만났습니다. 돌아오는 길에 클린턴이 비아냥거리 듯이 힐러리에게 물었습니다.

"만약에 당신이 저 친구와 결혼했다면 지금쯤 주유소 사장님의 사모님이 되었겠지?"

마음이 상한 힐러리는 이렇게 대답했습니다.

"아니, 바로 저 남자가 지금 미국의 대통령이 되어있을 거야."

오래 전에 들었던 유머입니다.

빌 클린턴이 재직하던 2000년도를 전후해서 백악관은 대통령이 비서와의 스캔들로 세계가 아주 시끄러웠던 적이 있습니다. 그때에 대통령 부인이었던 힐러리는 (그 속마음을 알 수 없지만) 세상을 향해서 아주 의연하고 침착한 모습을 잃지 않았었습니다. 이미 오래 전 이야기가 되었는데 힐러리는 보통 사람이 아니라는 생각을 하게 됩니다.

미국은 민주당의 차기 대통령 후보로 힐러리를 내세웠습니다. 결과야 어찌되었든, 부부가 세계 최강국의 대통령이 될 가능성이 점점 높아지고 있습니다. 현재 여론 조사로는 빌 클린턴은 20년이 지나서 대통령에서 대통령의 남편이 될 수도 있을 것 같습니다.

인생이라는 긴 여행을 하면서 누구와 함께 할 것인가? 즉 배우자를 고르는 데 매우 신중한 선택을 하여야 할 것입니다. 그리고 선택을 한 후에는 후회가 없도록 그 선택을 최선으로 만들어가는 것은 배우자의 몫이 아니라 자신의 책임이라는 것을 잊지 않아야 할 것입니다. 그래야 멋진 인생을 만들어 갈 수 있습니다.

제가 아내를 평생의 배우자로 마음의 결정을 내리면서 다짐했던 일이 하나 있습니다.

"지금은 원석처럼 눈에 띠지는 않겠지만 훗날에 보석처럼 빛나는 사람으로 만들어주겠다."

남들이 보기에는 다를 수 있지만 최소한 내게 있어서만은 이미 아내는 아름다운 보석이 되어있다고 생각합니다. 행복한 부부의 삶이란 진실과 사랑 그리고 헌신으로서 서로의 보석이 되어가는 과정입니다

2016-07-22

화양연화는
지금

설 연휴를 이틀 앞둔 아침입니다. 아직은 추운 겨울이지만 설 연휴가 지나고 나면, 항상 그랬듯이 마음 한곳에서는 봄이 다가오고 있을 것입니다. 이제는 웅크리고 있었던 몸과 마음을 활짝 열어 보다 나은 내일을 향하여 힘차게 나아가는 계절이 곧 찾아올 것입니다. 그래서 영어는 봄을 'spring'이라고 쓰는 것 같습니다.

'화양연화'라는 말을 아십니까? '인생에서 가장 아름답고 행복한 순간'을 표현하는 말로서 2000년도 초반에 양가위와 장만옥이 주연을 맡아서 한국에서도 중년의 마음을 흔들었으며 깐느영화제에서는 2개 부문을 수상하였던 영화의 제목으로도 널리 알려졌습니다.

언젠가 아침 식사를 하다가 아내에게 '지금까지 살아오면서 가장 좋았던 시기가 언제였냐'는 질문을 했었습니다. 무심코 던진 질문이었는데, 제게 줄 수 있는 최고의 답변이 돌아왔습니다.

"살아오면서 크게 불행한 적도 없었지만 지금이 최고의 시기를 보내고 있는 것 같아요."

아내로부터 들었던 매우 긍정적인 대답에 내 마음이 고무되어서인지 그날 출근길 내내 이런 생각을 했었습니다. '아내와 함께 인생에 있어서 행복한 시기를 보내고 있지만 남아있는 날에도 더욱 아름다운 인생이 되려면 어떻게 보내야 할까?

'늘 부족했던 자신의 모습을 다시 발견하고 돌아보며 마음을 다지는 일을 게을리하지 말자. 오늘 하루에도 부딪혀야 할 쉽지 않은 환경들을 긍정의 마음과 적극적인 태도로 지혜롭게 헤쳐나가자.'

사실, 하루를 시작하는 아침 출근 시간에는 자주 이런 생각들을 하였지만 그날 아침은 어느 때 보다 더욱 그러했던 기억이 있습니다.

이 세상에 누구나 행복하기를 바랄 것입니다. 그럼에도 불구하고 의외로 많은 사람들은 그렇지 않다는 것을 느낍니다. 왜 그럴까요? 세상 그 누구도 소중한 인격체이므로 태어나서 행복을 누릴 권리가 있다고 생각합니다. 단지 스스로 행복할 수 있는 것에서 벗어나 불행을 찾아가고 있기 때문입니다.

마음에 긍정을 품고 가족과 이웃에 대한 이해와 사랑과 배려 그리고 감사를 잃지 않는 것은 인생에서 그 어느 것보다 더욱 중요합니다. 오늘도 행복한 하루 되시기 바랍니다.

2021-02-09

행복의
조건

그 동안 아침편지를 보냈던 것을 다시 읽어보면 대개 행복에 관한 이야기가 많습니다. 아무래도 인생을 살아가면서 누구나 행복하게 지내고 싶기 때문일 것입니다. 사람마다 각기 추구하는 것이 다르고 그것을 이루는 방법이 다르지만 어쨌든 행복하고 싶은 마음은 모두가 같을 것입니다.

서울대 최인철 교수는 행복의 조건을 이렇게 이야기합니다.

'누구와 함께 할 것인가?'

'무엇을 할 것인가?'

'어떤 마음가짐으로 살아갈 것인가?'

이 세 가지를 잘 해야 한다는 것입니다. 다시 한 줄로 정리하면 '어떤 마음가짐으로 누구와 함께하며 무엇을 할 것인가'입니다.

그가 운영하는 연구센터의 설문조사에서 '언제 가장 행복을 느끼는가'에 대해서 질문을 했는데, '여행을 할 때'라고 대답한 사람이 가장 많았다고 합니다. 물론 '누구와 함께 여행할 때인가'에 대해서는 '가족이나 친구와 함께 할 때'라고 합니다. 여기서 이미 우리는 어떻게 행복할 수 있느냐에 대한 답이 어느 정도는 나와있는 것 같습니다.

가장 가까운 사람과 좋은 관계를 맺고 즐거운 여행을 하는 것입니다. 이것이 가장 행복할 때입니다. 어찌 보면 인생 전체가 여행입니다. 그래서 행복한 사람들의 특징은 사랑과 배려 그리고 감사를 늘 마음에 담고 사는 사람들입니다. 그들의 말 속에는 상대를 배려하는 것이 몸에 배어있고 감사할 일이 많은 사람들입니다. 이런 사람들은 다른 사람들과 관계가 좋을 수밖에 없습니다. 그가 살아가는 데 있어서 행복은 당연한 일인 것입니다.

불평불만이 많고 부정적인 말을 자주하는 사람과 친구가 되어서는 안됩니다. 그의 불행이 자신에게 전염되기 때문입니다. 세상을 긍정적인 시선으로 바라보는 사람의 마음가짐은 이미 행복의 길에 접어든 사람입니다. 그런 사람과 함께 친구가 되어 인생을 여행하여야 합니다.

여기서 경제적인 것을 완전히 도외시 할 수는 없습니다. 절대적인 지표는 아니지만 궁핍을 면할 수 있을 정도의 최소한의 물질적 불편은 없어야 합니다. 그래서 우리가 자본을 축적하거나 노동을 하는 것입니다. 하지만 이것은 필요한 부분이지 인생을 보장하는 행복의 충분 조건은 절대로 아닙니다.

긍정적인 태도로 세상을 바라보고 주변 사람과 좋은 관계를 맺으며 즐거운 시간을 보내는 것 그리고 경제적 필요를 위해 자신의 일에 최선을 다하는 그것이 아마도 행복의 조건이 될 것 같습니다. 행복한 주말 되시기 바랍니다.

2021-06-04

내가
정말 바라는 것은

제가 비교적 빠른 나이에 대기업에서 고위 임원에 오르자 평소에 알고 지내던 사람은 물론 오랫동안 연락이 안되었던 학창시절 친구들까지 소식을 듣고 축하를 해주었습니다. 어떤 친구는 신문기사에 난 사진을 캡쳐하여 보내면서 '자랑스럽다. 친구야' 뭐 이런 식의 문자를 보내기도 했습니다. 어떤 친구는 "너 성공했다!" 이런 말을 전하기도 했습니다.

그런데 저는 지금까지도 스스로 성공했다는 생각을 하지는 않습니다. 물론 사람들이 일반적으로 말하는 높은 지위를 얻는다거나, 돈을 많이 축적했다거나, 명예로운 사람으로 인정을 받는 것을 생각할 수 있는데 그런 것을 목적으로 삼거나 꿈꾸지는 않았기 때문입니다.

오만하게도 '성공했나?' 하는 생각을 잠깐이나마 한적이 있었던 것 같습니다. 5년전 애틀랜타에서 귀국할 때에 일등석을 배정 받아서 최고의 대우를 받았을 때, 어느 날 문득 고요한 사무실 회전의자에 앉아서 창밖에 보이는 수 많은 강남의 빌딩들을 내려다볼 때에 잠깐 성공을 생각해 본 적은 있습니다. 하지만 제가 바라던 성공으로 안주하지는 않았습니다. 그건 일반적인 시선일 뿐이거나 살아가는 과정 중의 작은 부분이었지, 마음속 깊이 바래왔던 일은 아니었기 때문입니다.

국어 사전에 성공을 이렇게 정의해 놓았습니다.

「성공: 목적한 바를 이룸」

가끔 삶에 대해서 깊이 성찰해 볼 때에 '목적하는 바가 무엇인가?'에 대해서 생각해 봅니다. 하루에도 원하는 일들이 많습니다. 그리고 그것이 작든 크든지 간에 목적하는 바도 많습니다. 그렇다고 그것을 이루었다고 '성공했다'라고 의미 있게 여기지 않고 지나가는 것이 대부분입니다.

그럼 진정으로 마음 속 깊이 이루고 싶었던 것이 무엇인가? 어린 시절부터 한번도 잊혀지지 않고 간직해 온 꿈은 무엇인가? 아마도 지위나 돈 이런 것처럼 눈에 보이는 것은 아니었던 것 같습니다. 햇살이 좋은 봄날에 아내와 함께 산책하거나 밝은 마음으로 교회에 가는 꿈을 꾸었던 것 같습니다. 겉으로 보이는 화려함보다는 소소하며 평화로운 삶을 이루는 것이 꿈이었던 것입니다. 60이 다 되어서 생각해 보니 가장 쉬운 것 같지만 마음의 평안을 항상 유지하는 것은 정말로 쉽지 않은 꿈인 것 같습니다.

제가 바라는 꿈은 호흡을 멈추고 눈을 감는 그 순간까지 계속하여 흔들리지 않고 소소한 행복을 지키는 것입니다. 그것은 하루 한 순간이라도 마음을 다스리지 않으면 안 되는 쉽지 않은 일이었습니다.

당신의 성공은 무엇입니까? 진정한 행복은 무엇입니까?

2021-06-08

압도하는 자연을
눈에 담으세요

2년 전 오늘은 캐나다 앨버타주의 작은 휴양 도시 밴프에 있었습니다. 이미 널리 알려진 로키산맥의 북쪽에 위치해 있으며 아주 조용하고 작은 도시인데 인근에 자연의 아름다움을 한껏 만끽할 수 있는 곳이기도 합니다. 여행을 좋아하는 사람들에게 제스퍼에서 밴프에 이르는 구간은 버킷리스트에 필수적인 코스로도 알려진 곳입니다.

작은 시내에는 아주 깔끔하고 잘 꾸며진 공원과 음식점 그리고 기념품 가게들이 많이 있는데, 앨버타주에는 인구가 많지 않고 자원은 풍부하며 세금이 적어서 물건 값도 비싸지 않았습니다. 그래서 한국에서 인기 있는 브랜드 의류를 구입했던 기억이 있습니다.

지금까지 바쁘게 살아오면서도 틈틈이 유명하다는 관광 지역을 여러 곳 다녀보았습니다. 그중에서 큰 도시보다는 작고 덜 알려진 도시가 좋았으며, 인간이 만든 명소보다는 웅장하고 멋진 자연이 훨씬 더 인상에 많이 남아있습니다. 그중에서도 제스퍼에서 밴프로 이어지는 '록키산맥' 여행은 정말 괜찮았던 기억이 있습니다.

언뜻 생각나는 나이아가라폭포, 요세미티, 그랜드캐년, 몽블랑, 장가계 등등 모두 장관이었습니다. 그런데 규모 면에서 마음을 압도하는 경관을 보고 싶다면 록키는 반드시 다시 찾아가보고 싶은 곳입니다. 지금까지 일부러 다시 찾아가보았던 곳은 프랑스의 베르사이유궁 그리고 독일의 하이델베르그였는데 두 번째 방문은 아무래도 전보다는 감흥이 떨어졌었습니다. 그러나 록키는 계절을 바꾸어서 가면 또 다른 영감을 줄 것 같습니다.

아내와 가끔 이런 이야기를 합니다.

"코로나가 끝나면 어딜 여행하지? 가장 먼저 가보고 싶은 여행지는 어디야?" 그리고 버킷리스트에 여행지를 적어봅니다. 계획하고 기대하는 것만으로도 마음이 설렙니다. 코로나 위기에서 빨리 벗어나서 자유롭게 여행갈 수 있는 날이 오기를 기대해 봅니다. 현재가 어렵더라도 오늘 힘을 낼 수 있는 것은 내일에 대한 희망이 있기 때문입니다.

2021-09-03

정의(Justice)란
무엇인가

직장 생활을 하면서 여러 가지 어려운 과제에 부딪혀 보았지만 일에 관한 것은 그다지 힘들다고 느끼지는 않았습니다. 정말로 나를 어렵게 만드는 것이 있습니다. 분명히 옳다고 믿고 소신 있게 행한 일에서 다른 가치 판단이나 목적을 가진 상사로부터 무시를 당하여 억눌려 있을 때였습니다. 아직은 어린 마음에서 세상의 정의에 대해서 깊은 고민을 하게 됩니다. 지금까지 믿어왔던 신념이 멀리에 있거나 무너져버린 것 같다는 생각이 들 때는 정말 힘들었습니다.

저의 이런 모습을 곁에서 지켜보던 동료들이 들려 주었던 충고가 기억납니다.

'때로는 돌아서 가는 길을 찾으라.'

'너는 마치 일제시대에 독립군처럼 보인다.'

타고난 성격이 옳지 않거나 거짓이라고 판단하는 일에는 상사의 지시라고 하여도 불편해 하며 동의하지 못하는 편입니다. 내게 돌아올 불이익을 감수하더라도 마음 깊은 곳에서부터 받아들이지 못합니다. 그래서 한 입으로 두 가지 이야기를 하며 상황에 따라서 변명이나 거짓을 늘어 놓는 사람을 지켜보는 일을 유난히도 힘들어했습니다.

요즘 신문을 보면 〈정의(justice)란 무엇인가?〉라는 제목의 책이 베스트 셀러가 되었더군요. 하버드대의 정치철학 교수가 쓴 책입니다. 이번 여름휴가에는 그 책을 읽어보려고 합니다. 정의라는 부분에 대해서 좀 명쾌한 답변을 기대해 봅니다.

세상을 살다 보면 자칫 가짜가 진짜보다 더욱 아름답게 빛이 나는 것처럼 보일 수 있습니다. 사극이나 역사소설을 보더라도 충신보다도 간신의 말이 옳게 보이기 쉽습니다. 특히 권력자의 앞에서 간신은 달콤한 말로 자신의 유익을 도모합니다. 그래서 리더는 조직 내 갈등을 없애고 조직의 성과를 이루기 위해서 첫째로 사람을 잘 구별해야 하는 것입니다. 특히 조직의 최고의 자리에 있는 사람은 누가 정직한 사람인지를 잘 판단해야 합니다. 그래야 불의를 줄일 수 있습니다.

오늘은 아침편지의 내용이 무거워졌네요. 아침에 읽은 신문의 책 광고 문구 하나로 예전에 겪었던 괴로움이 생각나서 아무래도 울컥했나 봅니다. 그런데 지금까지 옳다 여겼던 일에 혹시라도 자신의 욕심이 우선되어서 잘못은 없었는지 항상 돌아볼 필요가 있습니다. 내 자신 또한 정의를 가장한 불의가 될 수도 있기 때문입니다.

이번 여름에는 정의(正義)를 다시 한번 정의(定義,definition)해 보는 시간을 가져야 할 것 같습니다. 정의가 살아 움직이는 멋진 하루 되시기 바랍니다.

2010-8-3

패자 부활은
멋진 일입니다.

지난 주말에는 1박 2일로 일본 요코하마에 다녀왔습니다. 짧은 일정 동안 일본에서 유학 중인 12명 정도의 우리나라 학생들을 만나 채용하기 위해서였습니다. 이들은 석·박사 과정을 밟고 있거나 이미 과정을 마치고 일본 기업에서 직장 생활을 하는 지원자들이었습니다.

결론부터 말씀드리면 '예상보다는 괜찮았다'라는 것이 저의 총평입니다. 지난해에 방문하였을 때에도 비슷한 생각을 했었는데, 일본으로 유학한 친구들의 일반적인 특징은 국내에서 상위 랭크에 있지 않은 학부를 졸업한 경우가 많으며 미국이나 유럽 지역 유학생보다는 경제적으로 여유가 있어 보이지도 않았고, 대부분 한국 또는 일본정부의 국비유학생이라는 것, 그리고 뒤늦게 학업에 관심이 생겨서 더 많은 열정을 쏟았다는 것 등으로 압축될 수 있었습니다. 그래서인지 대체적으로 현대자동차에 입사하게 되는 것에 대해서 열망의 정도가 크고, 회사에 대해서 저울질을 하는 느낌도 비교적 적었으며, 겸손한 모습이 드러나 보였습니다.

우리나라의 시스템은 모든 것이 어떤 한 가지의 기준선을 가지고 획일적으로 판단하는 경우가 많습니다. 그래서 첫 번째 관문에서부터 좋은 결과를 얻지 못하면 이를 극복하기 쉽지 않습니다. 그런 이유 때문에 아주 어린 나이부터 지나칠 정도로 학업성적에만 몰두하게 되고, 대학생이 되어도 취업이라는 관문 때문에 학문이 본질이라기보다는 취업을 위한 스펙 쌓기에 끌려다니는 모습입니다.

주말에 만났던 지원자들은 그런 1차적인 사회적 평가 안에서 'TIER 1'에는 속하지 않았지만, 지금은 어떤 우수한 그룹 못지 않게 노력한 사람들이었습니다. 마치 패자부활전에서 승리한 사람들의 모습처럼 보였습니다. 그만큼 대한민국 사회는 계속해서 첫 단추를 잘 꿰어야 하는, 패자 부활이 어려운 경쟁 사회이기 때문입니다.

우리회사는 객관적으로 국내 최고의 우수한 자원들이 지원을 해옵니다. 신입이든, 경력이든지 예전보다는 분명히 스펙이 좋은 인재들이 지원합니다. 우선은 반가운 일이지만, 이들이 우리회사에 와서 어떻게 기여할 것인가에 대해서 확신하기에는 아직 다소의 우려도 있습니다. 특히 이들은 '젊은 시절부터 좋은 환경이나 위치만 찾아다니다 이곳에 오게 된 것은 아닌지?' 하는 생각도 갖게 하기 때문입니다.

일찍 실패를 경험해 본 사람들은 자신보다 훌륭한 사람들이 세상에 많다는 것을 인정하면서 자신을 수련해 온 사람들입니다. 그러므로 과거의 실패나 성공을 뛰어넘어 그것이 전부가 아니라는 사실을 아는 사람들일 것입니다. 이들이 과거의 일까지도 획일적으로 판단하는 일이 잘못되었다는 것을 실증해 주고 사회적으로 공정한 게임의 룰을 만드는 데 있어서 좋은 모델이 될 것을 조심스럽게 예상해 봅니다.

힘찬 한 주 되시기 바랍니다.

2013-08-19

일

work

당신은 좋은 리더입니까

아침편지에서 후배들에게 리더십에 대한 생각들을
자주 나눴습니다. 미래에는 현재의 리더들보다 훨씬
훌륭한 사람들이 리더가 되어야 조직이 발전하기
때문입니다. 좋은 리더가 되려면 주니어 시절부터
선배들의 좋은 점을 배우며 시대의 변화에 맞게
자신들이 이끌어갈 세상을 준비해야 합니다. 어느
날 지위에 오른다고 좋은 리더가 되는 것이 아니기
때문입니다.

이 장에서는 직장 생활 중에 수많은 리더십을
보면서 그때마다 느꼈던 생각들을 정리하였습니다.
즉, 직장에서 일을 할 때에 리더가 얼마나 중요하며
좋은 리더가 되기 위해서 어떤 사람이 되어야
하는가에 대한 이야기입니다.

좋은 선배가 되고픈
당신에게

봄비가 촉촉히 내려 앉았습니다. 오늘따라 세상이 왠지 차분하고 평화롭게 느껴지는 것은 봄비가 요즈음 내 마음을 말해 주기 때문입니다.

어제는 우리 팀으로 새내기 팀원이 배치를 받았습니다. 정확히 15년 전 이맘때 저도 그와 같은 신입사원 시절이 있었습니다. 모든 것이 익숙하지 않고, 조금은 염려도 있는 시기이나, 희망이 많은 시절이기도 합니다.

신입사원이 들어오면 선배들은 긴장을 해야 합니다. 과연 내가 선배로서 후배에게 귀감이 될 만큼 자신을 잘 관리해 왔는가를 돌아보아야 합니다. 아무것도 모르는 신입사원에게 선배들의 직장생활 모두가 그에게는 본보기가 될 가능성이 높기 때문입니다.

회사에서 지켜야 할 공통의 규칙은 지키도록 해야 하지만 비록 신입사원이라도 자신의 스타일에 맞게 일을 할 수 있도록 배려해야 합니다. 선배 사원의 개인적 틀에 맞추어서 육성하는 것은 옳지 않습니다. 때로는 예기치 않는 미숙함에 염려가 생기더라도 참고 기다리며 함께하다 보면 신입사원의 대부분은 인정받는 훌륭한 직원으로 성장해 갈 것입니다. 이것은 저의 경험에서 나오는 이야깁니다.

직장생활은 기본적으로 즐겁게 해야 한다는 생각을 가지고 있습니다. 그래서 직장이라는 삶의 터전을 전쟁터로 만드는 선배들을 보면서 만약에 내가 리더가 되면 그렇게 하지는 않겠다는 다짐을 자주 했습니다. 그 선배들이 표면으로는 회사를 생각하는 것처럼 보이지만 자신의 욕심을 채우기 위해서 후배들을 이용하는 것 같았습니다. 자신의 틀에 맞추고 편하게 관리하려는 모습일 뿐 진정으로 직원들의 능력을 최대한 이끌어내는 데에는 관심이 없는 사람들로 보였기 때문입니다.

어떤 측면에서는 선배보다 후배를 더 무서워해야 합니다. 그들은 회사의 미래이며 대부분 후배들이 우리들의 모습을 더 정확하게 보고 배우기 때문입니다. 자신의 욕심을 채우기 위해 후배에게 부끄럽지 않기를 바랍니다.

자신의 생각만 고집해서 후배의 희망을 좌절로 바꾸는 선배가 되지 않기를 바랍니다. 후배를 칭찬하든지, 꾸짖든지, 가르치든지 마음에 진실된 사랑이 있다면 훗날에 좋은 선배로 평가 받게 될 것입니다.

2005-03-22

인화의
리더십

WBC(World Baseball Classic)에서 우리나라 야구팀이 4강에 확정되면서 김인식 감독의 리더십이 집중 조명되는 것을 보게 됩니다. 관련된 뉴스를 보면서 매우 인상 깊게 느끼는 것은 김인식 감독의 팀 운영 방식과 제가 추구하는 리더십과 닮았기 때문입니다.

이번의 국가대표 팀을 맡기 전에도 김인식 감독의 리더십을 '인화(人和)[4]'의 리더십이라고 기자들은 표현해 왔습니다. 그의 리드하는 방식은 본인의 스타일대로 끌고 다니는 것이 절대로 아닙니다. 각 개인의 장점을 살려주고, 적재적소에 인력을 활용하며, 선수로 하여금 마음 편하게 스스로 운동에 전념할 수 있도록 환경을 제공하는 것입니다.

비교적 젊은 나이에 팀장을 맡게 되면서 리더십 부문에 대해서 많은 고민을 했던 기억이 있습니다. 주어진 조직의 성격이나 그때의 환경에 따라서 이끌어가는 방법이 조금은 다를 수 있겠지만

---

4   중국 전국시대 때 병법가이자 장수였던 오기가 저술한 '오자병법'의 핵심으로 장수와 병사 간의 인간적 유대감을 부국강병의 요체라 여김.

가장 우선으로 삼았던 것은 팀원들과 커뮤니케이션을 잘하는 것이었습니다. 그리고 구성원간 서로 배려하고 이해하는 분위기로 만드는 것입니다. 결국은 팀원 모두에게 직장생활이 즐거워지도록 환경을 만들어 주는 것입니다. 그래야 업무 성과가 높아진다는 믿음이 있습니다.

어떤 조직이든 리더십이 바로 서야 조직의 성공적인 운영이 가능합니다. 의외로 많은 리더들이 조직의 성공보다는 자신의 유익을 위해서 조직을 이용합니다. 물론 목표달성, 효율, 조직성과 등의 가면을 쓰고 혹독하게 몰아붙입니다. 그리고 누구를 위한 일인지 의아할 정도로 직원들을 힘들게 하는 일도 자주 있습니다. 이럴 때에는 직원들이 공감하지 못하는 일들이 많다는 것입니다.

중심이 바른 사람이 조직의 리더가 되어야 합니다. 단기적 성과도 중요하지만 중·장기적 성과에 더욱 투자할 수 있는 사람이 양심 있는 리더입니다. 당장에 성과가 나지 않는 일이라도 조직을 위해 필요한 일이라면 열심을 내는 지도자가 필요합니다. 그리고 감성적으로 직원들과 공감하는 균형감각이 있는 사람이어야 합니다. 회사는 일을 하기 위한 모임이기는 하지만 그래도 사람이 우선이기 때문입니다.

미래의 훌륭한 리더로 성장하는 하루이기를 바랍니다.

2006-03-17

성찰은
지혜를 만듭니다

두 사람이 함께 굴뚝 청소를 하였습니다. 청소를 마치고 한 사람은 얼굴에 검정이 많이 묻었고 다른 한 사람은 상대적으로 깨끗했다고 합니다. 이때에 누가 먼저 얼굴을 씻게 될까요? 재미있게도 상대적으로 깨끗했던 사람이 먼저 얼굴을 씻게 된다는 이야기가 있습니다.

이렇듯 남의 문제점을 보게 되면 먼저 자신을 돌아보아야 하는 것이 당연한 일인데 실제로는 그렇지 않은 경우가 있습니다. 객관적으로 더 큰 문제를 지닌 사람이 당당하게 행동하고 남의 작은 문제점을 가지고 몰아세우는 경우가 있다는 것입니다.

아무리 훌륭한 사람에게도 문제는 있게 마련입니다. 그것을 어떻게 빨리 알아차리고 행동하느냐는 아주 중요한 일이 될 것 같습니다. 그래서 남의 문제를 먼저 발견하려 들지 말고 스스로 자신의 부족한 점을 찾아서 보완하는 성숙한 태도가 필요합니다. 또한 타인으로부터 문제점을 지적 받았을 때에 빨리 인정을 하고 고맙게 여기는 것이 지혜로운 태도입니다.

그런데 그렇지 못한 경우가 많아서 서로 갈등이 생기고 감정의 골이 깊어지기도 합니다. 그래서 좀 더 아름다운 세상을 만드는 성숙한 삶이 되려면 먼저 자신을 낮추고 끊임없이 자신을 돌아보아야 합니다.

지위가 올라가고 권한이 주어질수록 책임도 많아지고 해야 할 일도 늘어납니다. 따라서 리더들은 자신의 모습을 돌아볼 시간이 점점 더 부족해집니다. 그러므로 리더는 자신만이 가진 잣대를 내려놓고 구성원의 이야기에 귀를 기울여야 하는 것입니다. 모든 것을 자기 기준으로 판단해서 자신을 도와주는 팀원이나 이웃에게 상처를 주지 않아야 합니다. 성찰의 지혜가 필요함을 느끼는 아침입니다. 겸손히 자신을 낮추어 성찰하는 당신이 멋진 사람입니다.

2007-09-05

믿어주는 것이
먼저입니다

오래 전에 보도된 신문 기사 이야깁니다. 어떤 가정 주부가 집에서 전화를 받았는데 남편이 호텔에서 젊은 여자와 함께 있다는 내용이었답니다. 그 말에 분개한 여자는 즉시 그곳으로 갔으나 제보와는 다르게 남편을 찾을 수가 없었습니다. 집에 돌아와 보니 집안에는 이미 도둑이 들어서 많은 귀중품을 잃어버렸다는 것입니다.

이 기사를 읽으면서 그 사건의 부부가 참 안됐다는 생각이 들었습니다. 금전적인 손실보다 부부간의 신뢰가 깨졌다는 것입니다. 부부는 서로 가장 믿고 의지해야 하는 사람임에도 도둑의 거짓에 말에 넘어가서 그런 일을 당하게 된 것입니다. 좀 더 생각을 해보면 평소 부인에게 남편이 신뢰를 주지 못했을 가능성이 높기는 하지만 부인의 어리석음은 분명한 것 같습니다.

직장생활을 하면서도 가끔 부하직원에게 신뢰를 주지 못하는 상사들을 만나보았습니다. 무슨 일을 할 때에 동일한 과제를 복수의 사람에게 시켜보고 저울질하며, 부하직원의 충심 어린 이야기는 쉽게 믿지 못하면서 직접 관련 없는 다른 부서 사람들의 이야기에 먼저 귀를 기울이는 리더들이 있습니다. 보통 이런 리더는 자기의 유리한 것만 찾아다니는 나쁜 습성을 가진 리더유형이었습니다. 좋은 리더는 부하직원이 다소 부족하더라도 참고 기다리며 그의 이야기에 귀를 기울여야 합니다.

신뢰에 관해서 의외로 많은 리더들이 착각하는 것이 있습니다. 리더가 먼저 부하직원을 신뢰 해야 하는데 무조건적 충성만 강요하면서 그것을 잘 따르는 사람에게만 신뢰를 만들어갑니다. 이러한 경우 보통은 늘 의심하고 질책하면서 자신의 권위를 세우려고만 하며 부하 직원들이 믿고 따르기를 바랍니다. 참으로 어리석은 짓입니다.

관계는 상호적입니다. 그것이 수평적이든지 상하관계든지 간에 서로 잘해야만이 그 관계가 건강해집니다. 물론 지금은 리더가 지녀야 할 신뢰에 대한 부분을 이야기하지만 부하직원은 상사의 신뢰를 받으려면 더욱 노력해야 합니다. 항상 성실하며 상사의 관점으로 보는 노력을 해야 합니다.

신뢰라는 것은 쌓기는 힘들지만 무너뜨리는 데는 긴 시간이 필요하지 않습니다. 항상 바른 마음과 진실된 인격이 내재되어야 합니다. 특히 상사들은 부하직원과 유사한 과정을 거쳐온 사람들이라서 부하직원의 문제점을 금세 알아차립니다. 유형에 따라 참고 기다리는 사람, 즉각적으로 반응하는 리더가 있을 뿐입니다.

인생에 있어 신뢰는 정말 중요합니다. 그 어느 것보다 더 큰 재산이 될 수 있습니다.

신뢰를 쌓아가는 하루가 되시기 바랍니다.

2009-11-04

다름을
포용해야 합니다

어제는 퇴근 길에 택시를 탔습니다. 기사님은 "어느 길로 갈까요?" 물었습니다. 저는 평소에 다니는 길을 안내하였습니다. 그러자 "그 길은 돌아가는 길이 아닌가요?"라고 되물었습니다. 다른 길을 제안하려는 것이었습니다.

이런 일은 자주 있습니다. 저는 그때마다 잘 아는 길에 대해서는 자세하고 명료하게 안내를 해줍니다. 혹간 다른 길로 접어드는 경우도 있기 때문입니다.

기사님은 다른 길이 가깝다고 생각해서 항상 그 길로 다녔다고 하면서 제가 제시해 준 길로 가는 것이 편하다고 했습니다. 그 말에 대해서 항상 그렇지만은 않으며 퇴근 시간대에만 그렇다고 이야기했습니다. 그 외의 시간은 그렇지 않을 수도 있다고 했습니다.

그러자 기사가 다른 사례를 꺼냈습니다. 분명히 눈 앞에서 차가 막히고 돌아가는 길인데도 그 길만을 요구하시는 손님도 있다는 것이었습니다. 도대체 이해하기 어렵다는 말도 덧붙였습니다.

그래서 이렇게 이야기에 대답했습니다.

"그 분의 말을 들어주셔야 합니다. 그래서 세상이 큰 문제 없이 돌아가는 것입니다."

모두가 같은 길만 고집한다면 아마도 교통 대란이 일어날 것입니다. 각자에게 선호하는 것이 다르며, 특히 손님이기 때문에 그 분의 의견을 들어주어야 한다고 생각합니다.

우리가 회사에서 보수를 받고 일하는 직원이라서 자신이 하고 싶은 일만 할 수는 없는 것과 같은 원리입니다. 택시기사에게 비용을 지불하고 있는 고객이기 때문에 자신이 원하는 길로 가야 할 권리가 있는 것입니다. 물론 기사가 더 좋은 방법을 제시하는 것도 서비스이며 일종의 의무이지만, 손님이 선호하는 것을 무시할 수 있는 입장은 아니라는 것입니다.

그리고 때로는 그런 다름이나 다양성이 사회를 잘 돌아가게 하기도 합니다. 모든 사람들의 추구하는 가치나 즐기는 것들이 모두 같다면 아마도 세상은 재앙수준이 될 것입니다. 정말 밋밋하고 재미없는 세상이 될 것이며 매일 싸우고 난리치고 살게 될 것입니다. 어쩌면 우리는 다르다는 것 때문에 때로는 갈등도 느끼고 다소 불편하긴 해도, 그것을 통해서 좀 더 나은 세상을 만들고 때로는 서로를 존중하면 더욱 편리하게 지낼 수도 있는 면이 있습니다.

그래서 리더는 구성원의 다양성을 존중하고 자신의 모습에서 독선은 없는지 늘 살펴야 합니다. 그 안에서 끊임없이 편견이 없도록 지경을 넓히거나 다름을 포용해야 합니다. 다름을 인정하지 않으면 좋은 리더가 될 수 없습니다. 다름을 인정하며 더 넓은 세계로 향하는 당신이기를 바랍니다.

2010-11-19

리더의
단순함

살아가면서 우리는 어떤 사람에게 매력을 느끼거나 흥미를 갖게 되며 또한 그것을 시작으로 사랑하며 존경도 하게 됩니다. 심장을 가진 사람이라면 젊은 시절에 누구를 좋아한 경험들이 있을 것입니다. 생각해 보면 배경은 아주 간단한 것부터 시작될 때가 많습니다.

특히 감정이라는 것은 매우 복잡하게 구성되어 있어서 실제 원인을 찾기 쉽지 않으나 아주 간단한 비이성적인 원인에서부터 시작할 때가 많습니다. 누구를 좋아한다는 것 또한 특별함보다는 그저 언제부터 시작되었는지 모를 매력으로부터 시작하여 그것이 전부가 되기도 합니다.

얼마 전에 그룹 인사실(팀)장 세미나에서 매스컴으로 알려진 여성 기자의 특강이 있었는데, 특별히 'simple'에 대한 이야기에서 공감을 느꼈습니다. 아마도 인사업무를 하는 리더들에 대한 강의라서 제게 더욱 적절했다는 생각이 들었습니다.

저는 리더십에 있어서 인간적인 매력이 매우 중요한 요소라고 생각합니다. 리더가 구성원들에게 지식 또는 경험을 자세하게 설명해도 그들을 쉽게 이해시키지 못할 때가 많습니다. 하지만, 의외로 인간적으로 매력 있는 리더는 몇 마디의 말로 소통을 완성합니다. 좋은 리더의 매력은 다양하고 복잡한 내용을 구성원에게 쉽게 전달하는 '단순함'에 있으며 이것은 엄청난 실력이라고 생각을 합니다.

복잡한 이론을 늘어 놓고, 수차례의 번복된 지시나, 자신의 지식에 대한 설명을 늘어놓으면 구성원들에게 공감을 얻기가 힘듭니다. 구성원들로 하여금 간단하고 명료하게 이해시키고, 공감케 하는 매력이 있어야 리더십이 세워지며, 스태프들로 하여 'followership'이 마음속에서부터 생기게 된다는 것입니다. 그것을 가능케 하는 것이 리더의 매력입니다. 이것은 '평소에 구성원들에게 보여진 신뢰' 또는 '복잡한 생각들을 쉽고 명확하게 정리하는 능력'이라고 봅니다.

우리는 농담으로 현대자동차의 이미지는 '단순과 무식'이라는 표현을 자주합니다. 저는 개인적으로 무식은 솔직히 불편하지만 '단순'이라는 단어는 무척 좋아합니다. 우리회사가 여기까지 성장하게 된 배경 중에는 복잡한 것을 단순화해서 분명한 목표를 가지고 집중한 것에 있다고 생각합니다. 단순함은 아는 것이 부족해서가 아니라 냉철한 종합 능력과 판단력을 기반으로 확신을 가질 때 생겨나는 고도화된 세련미라고 생각합니다.

저는 학창 시절부터 현대라는 기업을 선호했습니다. 왜 그랬을까를 굳이 살펴보면, 몇 가지 이유를 찾아볼 수 있겠지만, 그저 좋았다는 것이 가장 정확한 것 같습니다. 우리는 무언가에 매력을 느낄 때에 복잡한 이유도 원인도 없습니다. 단순하게 그저 매력을 느꼈을 뿐입니다. 단순함이 아름다운 하루가 되시기 바랍니다.

2012-05-04

당신은 어떤 프레임에서
살고 있나요

새 학기가 되거나, 새로 부임지가 바뀌거나, 어떤 모임에 처음으로 합류해서 새로운 사람들을 만날 때에 그리고 몇 번 교류의 과정을 지내면서 특별한 이유가 없는데 끌리는 사람이 있습니다. 개인의 취향에 따라 다를 수도 있지만 다수의 사람들에게 매력을 느끼게 하는 사람이 있다는 것입니다.

보통 이런 사람들은 특별히 자신을 드러내지는 않지만 잘 살펴보면 남들의 이야기를 잘 들어주고 상대를 배려하거나 존중하는 것이 몸에 배어있습니다. 부정적인 언어를 잘 사용하지 않으며 가급적 상대의 입장에 서서 이해하려 듭니다. 그 사람은 오랜 세월이 지나 만나도 기억이나 신뢰가 남아있게 마련입니다. 이것을 저는 '인간적인 매력'이라고 지칭하고 싶습니다. 보통 성공적인 사람들에게서 나타나는 특징 중의 하나입니다.

학생 때부터 이런 특징을 가진 사람은 학급의 반장이 되어도 많은 급우들로부터 신뢰를 받게 되며 다음 학기에 반장으로 추천을 받아서 어려서부터 리더의 훈련을 받게 됩니다. 그리고 성장하여 어떤 집단에 가든지 타인들로부터 좋은 평을 듣게 되어있습니다. 때로는 목적을 위해서 작위적으로 인기를 만들어낸다거나 자신의 속성을 숨기고 잘 포장하는 사람들도 있기는 합니다만 이런 경우는 오랜 기간 지속하지는 못합니다.

인간적 매력은 어쩌면 타고나는 것 같기도 합니다. 쉽게 배워서 익힐 수 없는 것으로 보여지기 때문입니다. 제가 지금까지 지켜본 바로는 일정 부분 타고나는 것도 있지만 이것도 아주 어린 시절부터 좋은 환경에 의해서 또는 성장하면서 개발되는 것 같습니다.

저는 인사업무를 하면서 많은 유형의 리더들을 보게 되었는데, 이런 사람들은 먼저 사람을 신뢰할 줄 알며, 눈에 잘 드러나지 않지만 모든 일의 바탕에 애정이 묻어있습니다. 돌아서는 사람의 뒷모습까지 세심하게 배려하여 주며 때로는 자신을 힘들게 했던 사람들까지 포용해서 자기의 사람으로 만드는 능력을 갖고 있습니다. 또한 상대방이 힘들어할 때에 함께하며 위로해 주고, 표현을 하지 않아도 함께하는 사람이 자신과 공감하고 있다는 것을 느끼게 합니다. 인간적인 매력이 있는 사람은 자신은 아무것도 하지 않았는데도 상대방은 은혜를 입었다고 느끼는 사례가 많습니다. 매력이 있는 사람은 앞서 표현한대로 그런 생활이 몸에 배어 나오기 때문에 정작 자신은 잘 모릅니다.

직장 생활도 마찬가지입니다. 자질이 부족한 사람들은 자신은 최선을 다했는데 환경이 나빴다고 합니다. 이런 사람들은 모든 일에 부정적이며 이미 실패할 수밖에 없는 구조 안에서 움직이고 있습니다.

오늘 하루 나는 어떤 프레임에서 살고 있는지를 돌아보십시오. 오만에서 벗어나 최대한 겸손하게 자신의 모습을 살펴보는 것이 좋습니다.

2015-01-09

공감해 보려고

제가 처음으로 인사팀장이 되었던 날이 2003년 2월이었으니 벌써 만 10년이 되어갑니다. 사실 저는 회사에서 팀장이나 임원이 되어 보겠다는 목표를 갖지는 않았던 것 같습니다. 그저 열심히 주어진 일에 충실하다 보면 직책을 맡아서 일을 하게 될지도 모른다는 막연함은 있었습니다. 그런 생각이 들면 어떤 리더가 될 것인가에 대해서는 틈틈이 생각하곤 했습니다.

그래서 여러 리더들과 함께 일을 하면서 배워야 할 점과 배워서는 절대 안될 것들을 마음 속으로 구분하면서 직장생활을 하게 되었습니다. 이러한 것들이 마음에 깊이 자리를 잡고 있었기 때문에 제가 팀장이 되었을 때에도 바로 행동으로 옮길 수 있었습니다. 물론 아직도 부족한 점들이 많이 있지만 그나마 팀원 시절에 생각했었던 기준들이 팀장 직무를 수행할 때에 많은 도움이 되었습니다.

10여년 전 팀장을 맡으라는 상사의 지시가 내려졌을 때에 저는 그럴 수 없다고 말씀 드렸습니다. 아직은 그럴 만한 준비가 되어 있지 않다고 생각했었기 때문입니다. 하루를 더 생각해 보라는 말씀을 듣고 난 다음날 불려가서 호되게 질책을 받고는 자칫 항명이 될 것 같아서 수락했던 기억이 있습니다.

팀장을 맡는 것이 기정 사실화되자 걱정이 앞섰습니다. 과연 내가 생각해 왔던 그런 팀장의 역할을 할 수 있을까? 대형서점에 가서 리더십에 관련된 3권의 책을 샀습니다. 구입 즉시 대략 훑어보고는 그중에 가장 바라던 리더 유형에 가까운 한 책을 택해서 2-3번은 숙독했습니다.[5]

이 책의 내용은 '감성의 힘으로 사람의 마음을 리드하는 법'입니다. 모든 카리스마와 비전, 전략의 기본은 감성에서 시작한다는 것입니다. 최고의 리더는 부하직원의 호응과 공감을 바탕으로 이끌어야 한다는 것입니다.

사실, 팀장을 처음 맡던 날부터 소통과 공감이라는 두 가지 키를 중심으로 시작했습니다. 그래서 아침에 편지도 쓰고, 팀장이 되기 전에는 일하는 기계 같던 사람이 직접 팀원들 자리에 찾아가서 어떤 이야기라도 먼저 대화를 시작하려고 노력했던 것입니다.

그로부터 10년이 지난 지금에 돌아봅니다. 이미 10년 전에 있었던 일이라서, 세상도 바뀌고 구성원들도 생각이 많이 달라졌는데 무언가 '내 자신의 리더십에도 변화가 필요하지 않을까?' 하는 생각도 해봅니다. 물론 접근하는 방법이 다소 바뀔 수는 있겠지만 함께 일하는 구성원들을 믿고 사랑하는 마음으로 대하겠다는 기본적인 생각에는 변함이 없습니다. 오늘도 서로 믿으며, 배려하고, 존중하는 그런 하루가 되시기 바랍니다.

2012-11-08

5   다니엘 골먼(2003), 〈감성의 리더십〉, 청림출판.

화는
다스리는 것입니다

요즈음 며칠간 마음이 편치 않았습니다. 이런 시간이 지속될 때에는 일상 속에서 잊고 지냈던 일들을 곰곰이 돌아보게 되며 이러한 과정을 통해서 자신을 담금질하는 좋은 기회가 되기도 합니다. 웬만한 스트레스에는 웃어서 넘기며 타인에게 불편한 기운을 전달되지 않게 하려고 노력합니다. 그럼에도 지난 며칠은 동료들이 마음 불편한 기색을 느꼈을 것 같아서 부끄러운 마음이 있습니다.

저의 경우에 마음이 편하지 않을 때에는 평소와는 달리 일단 유머와 말수가 현격하게 줄어듭니다. 그리고는 책을 펴서 읽거나 잔잔한 음악을 듣습니다. 이러한 모습을 보시게 되면 가급적 품의나 보고를 미루시는 것이 좋습니다. 이 때에 눈치 없이 자꾸만 보고하시는 분들이 있기는 한데, 제가 화를 내색하지 않고 보고받기는 하지만 정상적인 판단을 하지 못할 수도 있기 때문에 조금은 염려도 됩니다.

화를 쉽게 내는 상사를 여러 번 경험했는데, 화를 내는 것은 일종의 나쁜 습관이며 인격적으로 훈련이 필요한 부분이라고 생각을 했었습니다. 인격 수양이 부족해서 개인적인 욕심이 강하거나 자신을 통제하는 능력이 부족해서입니다.

'참을 인자 셋이면 살인도 면한다'라는 말이 있습니다. 부하 직원의 생각이 불만족스럽다고 해서 지속적으로 질타를 하게 되면 미래에 훌륭한 인재가 될 사람을 잃을 수도 있다는 생각을 해봅니다. 그래서 화가 나더라도 참고 다시 자신을 먼저 돌아보아야 하는 것입니다.

저는 화를 내지 않는 사람이란 말을 자주 듣고 살아왔는데, 최근에도 표현은 하지 않지만 마음 속에서는 화가 나기도 합니다. 사실, 잘 생각해 보면 환경이나 누구의 잘못보다는 내 자신의 마음 상태를 잘 만들지 못해서 그런 것 같다는 생각도 합니다.

'상대의 눈에 있는 티끌은 잘 보이지만 자신의 눈에 있는 들보를 보지 못할 수도 있다'는 생각을 여러 차례 해보아야 합니다. 그럴 수만 있다면 매사에 좀 더 차분하고 진지하게 참아내면서 마음의 평화를 지킬 수 있을 것입니다. 그래야만 바른 시선으로 세상을 볼 수 있으며, 상대와 바른 소통을 할 수가 있을 것입니다.

살다 보면 화가 날 때가 반드시 있습니다. 이때에 화를 이겨내는 마음가짐과 태도 그리고 습관은 매우 중요합니다. 화를 잘 다스리는 것은 한 차원 높은 성숙한 인생을 만들어줄 것입니다. 항상 편할 수만 없는 인생에서 화를 잘 다스리는 것이 당신의 삶을 아름답게 만들어 줄 것입니다.

2013-06-13

책임을 감당하는
태도

1990년 3월 말에 첫 부서 배치를 받았습니다. 입사하는 날부터 이 직장이 평생직장이 되기를 바랐으며 혹시라도 직업을 바꾼다면 몰라도 어차피 봉급생활자를 할거라면 내가 선택한 회사에서 계속 근무하겠다는 스스로의 다짐도 있었습니다.

몇몇 친구들은 좋은 직장에 취업했다고 기뻐했는데 얼마 가지 않아서 도산하는 회사도 있었고, 자주 직장을 바꾸는 사람도 있었습니다. 제가 선택한 회사는 지금까지 꾸준히 성장해서 이젠 대한민국을 대표하는 기업이 되었습니다. 이것은 제게 있어서는 정말 큰 행운이었습니다.

물론 지난 24년이라는 기간 동안 항상 순탄하지는 않았습니다. 한 때는 사직서를 써서 가슴에 품고 다닌 적도 있었습니다. 그럼에도 견디어낼 수 있었던 것은 항상 내편에 서서 이해해 주는 아내 그리고 마음 깊이 간직한 내 자신과의 약속 때문이었던 것 같습니다. 내가 선택하고 결정하고 다짐했던 것에 대하여 스스로 포기하는 것이 용납되지 않았기 때문입니다.

우리는 하루에도 수도 없는 선택의 갈림길에 서게 됩니다. 물론 심각하지 않은 선택이 대부분이겠지만 어쨌든 배우자나 직장을 선택하는 것, 이런 일들은 자신의 인생에 있어서 매우 중요한 선택이며 책임이 따릅니다.

그래서 선택에 대한 책임의식을 갖는 것은 최선을 만들어가는 데 도움이 되기도 합니다. 어쩌면 이것은 목적의식 또는 일종의 사명감으로 이어집니다. 때로는 선택이 흡족하지 않아 불편해질 때가 있더라도 멋지게 가꾸어야만 할 숙제이며, 의무라는 생각을 갖게 되면 오히려 마음이 편해지고 애착이 생기며 앞으로 나가야 할 길이 명료해지기도 합니다.

어떤 측면에서는 삶의 과정에 있어서 진정한 주인이 되는 방법 중의 하나는 자신이 선택하고 결정한 것에 대해서 자신에게 끝없는 책임을 지우는 것입니다. 때로는 선택보다 책임을 잘 감당하는 태도가 더욱 중요합니다.

오늘이 힘든 당신이, 선택할 때의 마음을 돌아보게 된다면, 하루가 더욱 열정으로 가득 차게 될 것입니다. 책임감 있는 하루 되시기 바랍니다.

2013-08-21

어느 승무원의
조언

요즈음 아침 시간이 분주하다 보니 아침메일 보내기가 쉽지가 않네요. 어제 저녁에 아내가 옆에 앉아서 읽어 주었던 내용을 공유합니다.

성공한 사람들의 일반적인 태도 내지는 습관이라고 보아도 좋을 것 같습니다. 국제선 1등석에서 오랫동안 근무한 승무원이 성공한 사람들의 특징을 관찰한 내용이라고 합니다.[6]

1. 1등석 승객은 펜을 빌리지 않는다.

   항상 메모하는 습관이 있고 모두 자신만의 필기구를 지니고 다녔다. 메모는 최강의 성공 도구로 기록하는 행위는 신뢰를 주고, 아이디어를 동결 건조시켜 보존해 준다.

2. 성공한 사람들은 전기와 역사책을 읽는다.

   유독 퍼스트클래스에서는 신문을 가져달라는 요청이 드물다. 지독한 활자의 중독자들로 베스트셀러가 아닌 잘 알려지지 않은 투박

---

6   미즈키 아키코(2013), 〈퍼스트클래스 승객은 펜을 빌리지 않는다〉, 중앙북스.

하고 묵직한 책을 읽는다.

3. 성공한 사람들은 자세가 바르다.

   퍼스트클래스의 승객은 일단 자세가 바르다. 그리고 시선의 각도가 높은 것이 특징이다. 자세가 좋은 사람은 범접하지 못할 당당한 분위기를 풍긴다. 행동거지가 당당한 사람은 정면을 바라보기 때문에 시선의 각도도 자연히 높아진다.

4. 대화를 이어주는 '톱니바퀴' 기술이 있다.

   퍼스트클래스의 승객은 정말 흥미진진하게 다른 사람의 이야기를 듣는다. '그래서 어떻게 됐지요. 그럼, 어떻게 하는 것이 좋을까요?' 승무원에게 고자세를 취하지 않고, '바쁜 중에 미안하지만'과 같이 항상 완충어구를 덧붙이며 말을 건다.

5. 주변 환경을 내편으로 만든다.

   퍼스트클래스에 동승한 자신과 같은 처지에 있는 다른 승객에게 인사하는 것은 매우 효율적인 인맥 형성 방법이다. 성공한 사람들이 아내를 극진히 모시는 이유는 높은 지위에 올라도 개의치 않고 솔직한 생각과 감정을 말해 주기 때문이다. 늘 아내를 존중하고 아내의 의견에 귀를 기울인다.

성공하는 하루 되시기 바랍니다.

2014-02-13

고독(solitude)과
카리스마

좋은 아침입니다.

잘 알려진 이야기인데, 아메리칸 인디언들은 말을 달리다가 서서 잠깐 뒤를 돌아본다고 합니다. 그 이유는 열심히 달려가다 보니 자신의 영혼이 자신의 육체를 따라오지 못한다고 생각하기 때문이라고 합니다. 유대교의 '사바스(sabbath)' 즉 '안식일'도 같은 의미입니다. 6일 동안 열심히 일을 하고 쉬는 날을 뜻하는데, '자신을 돌아보는 날'이기도 합니다.

아마도 지금의 매주 일요일을 휴일로 하는 것도 기독교에 기반을 둔 서양 문화에서 내려오는 것이며, 이 또한 현시대적으로 해석을 하자면 분주한 삶 속에서 자신을 돌아보면서 재충전하는 시간인 것입니다.

그러한 의미에서 우리말로 '고독'이라고 표현되는 두 가지 영어 'loneliness'와 'solitude'의 의미의 차이가 무엇인지를 생각해 보면 재미있습니다. 'loneliness'의 고독이라는 것은 외로움을 견딜 수 없는 불편함의 의미가 들어있다면, 'solitude'는 즐거운 고독입니다.

저는 우연히 이것을 알고 나서 내가 청년의 시절에 고독을 즐겼던 일들을 기억하면서 흥미를 가졌습니다. 그리고 우리 단어에는 왜 이런 의미의 단어가 없을까? 아니면 내가 그런 단어를 몰라서 그럴까? 하는 생각을 해보았습니다. 여기서 즐거운 고독을 좀 더 들어가서 생각하면 자신의 내면에 대한 철저한 성찰을 가지는 시간이라고 할 수 있습니다. 이런 고독을 느끼고 자신을 끊임없이 돌아보는 사람은 카리스마를 얻게 된다는 말도 있습니다. 여기서 카리스마란 '공감하여 은혜를 느낀다'라는 의미에서의 카리스마입니다.

주말입니다. 여럿이 모여서 함께 즐거움을 나누는 일도 소중하지만, 때로는 자신만의 즐거운 고독을 느끼면서 자신을 돌아보는 시간을 가져보는 일도 필요합니다. 교외의 한적한 공간에 홀로 남아서 자연의 생동하는 봄을 보면서, 또는 한동안 읽지 못했던 양서를 들추어보면서 잠잠히 자신의 내면의 소리 듣고 철저히 자신을 돌아본다면, 카리스마를 얻는 시간이 될 수도 있습니다.

리더는 때로 고독한 성찰을 즐길 줄 알아야 합니다. 유익한 주말 되시기 바랍니다.

2014-04-11

일꾼이 아닌
조력자로 대하라

IMF를 겪으면서 경영난을 이기지 못하고 많은 회사들이 직원들을 떠나 보내야만 했습니다. 우리 회사도 예외는 아니었습니다. 게다가 우리 회사는 가장 강력한 노동조합 조직을 가진 회사라서 대규모 고용조정은 정말 엄청난 큰 소요를 만들었습니다. 당시에 저는 비교적 작은 규모인 아산공장의 인사과장 역할을 맡고 있었습니다. 그래도 자동차 제조사의 특성상 약 5,000명 가까운 인력이 공장에서 일하고 있었습니다.

다른 공장에서는 고용조정의 여파가 있어서 희망퇴직 대상자로 지정받은 노동자와 조합원들의 폭력 사태가 자주 일어났습니다. 당시 공장에서는 선임자 역할을 맡았던 제게 선배 과장님들이 조언을 했습니다. '가족을 서울에 있는 집으로 이주를 시키는 것이 좋겠다' 또는 '차량을 안전한 곳에 주차해 놓으라'는 것 등이었습니다. 테러수준의 방화와 인신을 공격하는 일들이 이미 발생하고 있었기 때문이었습니다.

그 분들의 조언에는 감사했지만 저는 계속 고정된 주차지역에 제 차를 세워 놓았으며, 가족 또한 사원 아파트에서 그대로 함께 살았습니다. 오히려 당당하게 제 일을 처리했습니다.

현장에서 권고사직을 통보받은 직원들 중에는 회사의 판단을 수용할 수 없어서 제게 찾아오는 직원들도 상당수 있었습니다. 많은 관리자들이 이런 상황에서 사실대로 이야기하지 못하고 이런저런 핑계를 대는 것을 자주 보았습니다. 그런 것들이 직원들로 하여 불신을 불러일으키고 심지어는 폭력 사태로 이어지는 것 같았습니다. 그래서 저는 한번도 회피하지 않고 면담에 흔쾌히 응해 주었으며 있는 사실대로 솔직하게 상담을 했습니다.

운이 좋게도 제가 근무하던 아산 공장은 노동조합의 집단적인 소요는 있었지만 그 외에 개별적 불상사는 일어나지 않았습니다. 물론 제가 잘해서가 아니라 모든 분들의 협력이 있었기 때문입니다.

이때에 제가 얻은 교훈은 직원들에게 존중을 받지 못하는 관리자들의 대다수는 평소에 진실이 결여되어 있고 직원들을 그저 일을 하는 '일꾼' 정도로 생각한다는 것입니다. 자신을 위해서 협력해 주는 '조력자'로는 생각하지 않는다는 것입니다.

우리는 살아가면서 수도 없이 어려운 문제에 맞서야 합니다. 그런데 본질은 제쳐두고 당면해서 드러난 일에 대해서만 고민하는 경우가 많습니다.

하지만 문제의 본질을 보기 위해서 마음을 비우고 내가 아닌 타인이나 공의를 위하며 무엇을 해야 할지 고민하며 남들을 먼저 배려하고 신뢰해야 합니다. 진정한 의미에서의 승자와 패자는 여기서 결정날 수도 있습니다. 여러분이 조력자로 대해야 할 상대는 누구인지 생각해 보는 하루 되시기 바랍니다.

2014-4-30

상사가 싫어하는 보고서

사람은 깊은 지혜를 갖고 있으면 있을수록 자기의 생각을 나타내는 말은 더 단순하게 되는 것이다.

대문호 톨스토이의 말입니다.

아마도 제가 주재하는 회의에 참석하거나 보고를 자주 하는 분들은 제가 싫어하는 보고서의 유형을 잘 알고 있을 겁니다. 목적을 파악하기 힘들 정도로 내용이 복잡하고, 어려운 미사여구로 치장하며, 소통이 잘 되지 않는 약어나 전문용어를 남발하는 보고서입니다. 또한 내용보다는 양식이나 디자인에 신경을 쓴 보고서입니다.

이런 경우가 의사를 전달하는 데 쓸데없는 시간과 비용을 사용하는 보고서입니다. 실력이 부족하니 본질과 다른 것으로 보충하는 보고서입니다. 그리고 혹자는 자신이 알고 있는 새로운 용어나 지식을 은근히 과시하려는 의도가 엿보입니다. 다시 말하지만 저는 이런 보고서를 무척 싫어합니다.

지난 주말에 중역 몇 명이 모여서 회의를 하였습니다. 임원교

육 프로그램 개선에 대한 회의였는데 회의 개최 목적부터 세부 내용에 이르기까지 이해하기 힘들었습니다. 심지어 기분이 상할 지경이었습니다.

우리회사가 급격히 성장하면서 아무래도 준비되지 않은 일들이 많아지니 외부 컨설팅을 자주 받게 되며, 내부 TF도 빈번하게 가동되고 있습니다. 이런 과정에서 우리 업무나 보고문화가 형식적이고 현학적으로 흐르는 경향이 있습니다. 제가 보기에는 일의 본질을 떠나 치장하고 보여주는 일에 힘을 쓰고 주변에서 변죽이나 울리면서 열심히 일하는 것처럼 보입니다. 지금까지는 필요악이며 성장 과정이라고 여기며 지냈는데 이제는 경계하여야 할 부분이라는 생각이 듭니다.

화제를 정확히 알고 있는 지혜 있는 사람들은 몇 개의 단어로도 서로 충분히 의사소통합니다. 문제는 실력이 없기 때문에 복잡하게 이야기하고, 자신이 없으니 자꾸만 필요 없는 말들로 설명하려 듭니다.

지식을 쌓아야 하는 목적도 모르면서 배우며, 그 얄팍한 지식을 남들에게 과시하는 사람들은 무식하다고 생각합니다. 축적된 지식이나 노하우를 잘 포장하여 제시해야 하는 컨설턴트들은 그것이 업의 특성이니 이해할 수 있지만 우리처럼 글로벌 경쟁 속에서 빠르고 정확한 이해와 판단이 필요한 회사에서는 컨설턴트와 같은 방식을 흉내 낼 필요가 없다고 생각합니다.

모든 일에 자신감을 갖고 당당해지려면 본질을 잘 파악하고 최선의 노력으로 있는 그대로의 모습을 보여주어도 좋습니다. 지혜롭게 소통하는 하루 되시길 바랍니다.

2015-03-23

최선을 다해서 모셔야 할 고객은
누구입니까

최근 읽고 있는 책에서 오래 동안 일을 하며 느꼈던 것 중의 하나를 명쾌하게 정리해 놓았습니다. 그리고 놀랍게도 노자의 '무위사상'과 딱 맞아 떨어집니다. 여기서 다시 생각하며 확신하게 되는 것은 모든 본질은 동서고금을 막론하고 크게 다를 것이 없다는 점입니다.

리더십은 크게 지도력, 인사, 조직이라는 세 가지 내용을 포함한다. 사람을 잘 활용하는 사람은 아래 사람을 겸손하게 대한다. 일종의 타인과 다투지 않는 덕이자 타인의 힘을 잘 이용하는 능력이다.

즉 사람을 쓰는 데에 있어 지도자가 갖추어야 할 덕목은 겸양적 인품의 수양이라는 것입니다.

지난 주에는 생산부문 3개 공장, 어제는 부산지역 영업부문 팀장 이상 임원들을 대상으로 특강을 하였습니다. 부족한 제가 연륜이 많은 분들에게 강의하려 하니 부담도 적지 않습니다. 하지만 평소 가지고 있던 생각들과 최근에 일어나는 회사의 현실에 대한 이야기를 나눴습니다.

어제 영업 현장의 리더들에게 부탁한 이야기 중의 하나는 '당신은 영업사원을 고객으로 생각하느냐?'에 대한 이야기였습니다. 지점장들은 영업사원을 지시의 대상으로만 생각했으며 실적을 가지고 무리하게 통제하다 보니 작금의 현실에서는 많은 지휘권을 상실하게 된 것입니다. 물론 우리나라 사회 변화 속도가 빠르고 이에 따라 사람들의 의식수준도 바뀌었으며, 특히 우리회사의 경우는 고도 성장에 가려진 그늘도 있습니다.

겸양은 생활에 있어서 기본적으로 갖추어야 할 삶의 태도가 되어야 합니다. 그래서 요즘 표현으로 치환하면 '최선을 다해서 모셔야 할 고객'을 나와 관련된 모든 사람들로 확장하여 생각해 보면 됩니다. 아내, 자녀, 상사, 동료, 부하직원 등등. 이런 생각을 가지고 모든 관계를 형성하게 되면 실패하지는 않을 것입니다. 물론 이 순간에도 그러면 안 된다고 부정적인 생각을 가지고 계시는 분들도 있을 겁니다. 하지만 부정적인 생각을 품으면 할 수 있는 일이 별로 없습니다. '전체를 어떻게 가져갈 것인가'에 중심을 두고 '예외적 문제의 상황을 어떻게 해결할 것이냐'는 또 다른 숙제로 가져가야 합니다.

'T.S. Eliot'은 '사월은 잔인한 달'이라고 표현했습니다. 육체적 생명은 다시 피어나지만, 현대적 문명에서의 영혼이 메말라 간다고 비판하는 의미에서라고 합니다. 그러나 아무리 바빠도 우리가 마음을 수도 없이 일구고 일구면 겸양의 옥토로 만들 수 있습니다. 그렇지 못한 것은 함부로 바쁘기 때문입니다. 오늘 아침! 당신의 영혼은 어떠하십니까? 자신을 낮추는 하루 되시기 바랍니다.

2015-04-17

방랑 중인
당신에게

지난해 이맘때 고독(solitude)에 대한 이야기를 했었습니다. 여기서 고독은 외로움과는 다른 개념으로 '자신에게 투자하는 시간', '자신을 사랑하는 시간', '자신을 깊이 돌아보는 시간'으로 이야기했을 것입니다. 고독을 즐기기 위해서는 나름대로의 훈련이 필요합니다. 자신을 중심에 세우고 자신을 사랑할 줄 아는 것이 전제가 되어야 합니다.

그저께 이과장과 '방랑'과 '방황'의 차이가 무엇인지 그리고 '목적'과 '목표'의 뉘앙스의 차이에 대해서 이야기를 나눴습니다. 우리는 무엇을 뜻하며 단어를 적든지, 그것을 통해 행동에 옮길 때는 개념을 정확하게 설정하고 전달해야 합니다. 말과 뜻이 다르게 전해지면 회사에서 일을 할 때에도 자신이 하고자 하는 일에 취지나 목적과는 다른 결과를 맞이할 것입니다.

그저 유사함의 혼돈이나, 이해의 차이로 인해서 오해가 생기는 경우가 있습니다. 그래서 어떠한 일을 도모할 때에 나타난 표현을 보았을 때는 어떤 취지로 쓰여졌는지를 정확하게 파악해야 합니다. 그래야 자신이 하고자 하는 일을 분명하고 바르게 이끌고 갈

수가 있습니다.

방랑과 방황의 차이를 제 나름대로 해석하면 '목적이 있느냐, 없느냐'에서 이 두 단어의 의미가 완전히 갈립니다. 방랑자는 무엇인가 자신이 추구하는 목적을 위해서 투자하는 것이고, 방황은 목적 없이 떠돌며 시간을 허비하는 것입니다.

분주한 생활 속에서도 자신의 것을 찾아가며, 자신이 목적하는 바를 향해서 가고 있는지를 깊게 돌아보아야 합니다. 이것이 바로 성찰(省察)입니다.

인생도 마찬가지입니다. 타인의 시선에 흔들리지 않는 자기 자신만의 분명한 철학과 원칙이 있어야 합니다. 타인에게 피해가 가지 않는 범위에서는 자기 세계를 먼저 철저히 정립해야 합니다. 인생을 방황하지 않고 자신의 목적지를 향해서 한걸음씩 움직이며 의미를 부여하는 모습이 필요합니다.

주말을 맞이하는 아침입니다. 자신을 돌아보면서 의미를 깨닫는 시간 되시기 바랍니다.

2015-06-12

허물에
돌을 던지지 말라

한 때 언론에서 여러 연예인의 스캔들이 자주 회자된 적이 있었습니다. 그때마다 해당 연예인에 대해 험담을 심하게 하는 사람들을 보았습니다. 그 반면에 그들의 잘못에 대해서 특별한 언급 없이 그저 듣고 마는 사람들도 있었습니다. 그런데 제가 느끼기에는 오히려 험담을 심하게 하는 사람들이, 침묵하는 사람들보다 더 평소 생활 태도나 생활이 바르지 못한 사람들이었습니다. 그런 사실들을 보면서 남의 허물을 끄집어내는 사람들의 특성이 자신에게는 엄격하지 못하다는 점임을 다시금 깨닫게 되었습니다.

한 때 인사담당자들이 무척 어렵게 일하던 시절이 있었습니다. 일보다는 정치적 성향이 뚜렷한 사람들이 리더의 자리에 있을 때였습니다. 경영층의 힘을 남용하여 행동하던 리더가 있었는데 시간이 지나서 힘의 균형이 바뀌자 그는 어려운 지경에 처하게 되었습니다. 이런 상황에서 그 힘이 빠진 친구를 더욱 어려운 지경으로 몰아가는 사람들은 오히려 한 때 그와 친밀하게 지내던 사람들이었습니다. 이런 일들을 보면서 세상이 무섭다는 생각을 해보았습니다.

남들의 허물을 덮어주고 용서하는 사람들이 많지는 않습니다. 조금만 남의 허점을 보면 참지 못하고 험한 말을 해대고, 입장이 바뀌어 조금만 유리한 위치에 서면 함부로 대하는 사람들이 세상에는 의외로 많다는 것입니다. 그런데 이런 사람들의 모습을 일정한 거리에서 지켜보면 참 역겹게 느껴집니다. 단지 모르는 체하며 용서하고 지나갈 뿐입니다.

좋은 리더가 되려면 확고한 윤리를 지니고 시류에 흔들리지 않는 안정감이 있어야 합니다. 자신을 철저히 돌아보고 도덕이나 윤리적으로 잘못이 없는지 살펴보고 바로잡는 일이 생활화되어야 하며, 자신이 먼저 타인을 용서하고 신뢰할 수 있는 넓은 아량이 있어야 합니다.

이 세상에 잘못이 없는 사람은 한 사람도 없습니다. 자신부터 돌아보면서 남을 이해하고 용서하고 믿어주는 크기가 구성원보다 더 넓어야 합니다. 그래야 미래에 혹시 리더의 위치에 서게 되면 자연스럽게 큰 틀에서 조직과 일을 바라볼 수 있으며 구성원의 능력을 잘 살려서 실력 있고 탄탄한 조직으로 만들어갈 수 있을 것입니다.

마땅치 않아도 타인에게 함부로 돌을 던질 수 없어야 하는 것이 리더입니다. 좀 더 확고한 윤리를 지니되 균형감각을 가지고 항상 조직 전체를 바라보아야 합니다. 즐거운 하루 되시기 바랍니다.

2015-06-23

첫걸음은
소통입니다

높고 거대한 탑을 쌓아서 하늘에 오르려 했던 인간들의 오만한 행동에 분노한 신은 그들의 언어를 다양하게 분리하는 저주를 내립니다. 달라진 언어로 인해서 인간들 사이에서는 오해와 불신이 생기고 결국은 탑을 쌓는 일을 포기하고 각기 지방으로 흩어집니다. 결국 하늘에 오르려는 인간의 욕심이 물거품이 되는 '바벨탑' 이야기입니다.

인간의 오만함에 대한 신의 경고 의미로는 알려져 있는데, 저는 신의 인간에 대한 경종이라는 의미보다 그 과정을 만들어가는 신의 도구(불통)에 집중하게 됩니다. 즉 '다양한 언어로 인간들 사이에 오해와 불신을 만들었다'는 이야기에 더 관심이 있습니다. 원문을 읽어보지 못했기 때문에 정확하지는 않겠지만 이 의미는 결국 사람들 사이에 불통(不通)을 만들어서 오해가 생기고 신뢰를 무너뜨려서 인간들이 힘을 합하여 이루려 했던 하늘에 오르려는 욕망을 접게 하는 일입니다.

조직의 성과를 달성하기 위해서 소통의 중요성은 요즘 너무나 많은 곳에서 이야기합니다. 그럼에도 소통이 부족해서 문제가 되는 경우가 많습니다. 바벨탑의 교훈을 통해 소통을 이야기하려는 것은 아니지만, 인간들을 불통하게 만들어서 신이 인간의 헛된 욕심을 포기하게 만든다는 점에서 소통이 얼마나 중요한지를 다시 생각하게 합니다.

우리가 서로 마음을 열어서 솔직하게 전달하고 이해한다면 우리가 사는 세상이 너무 편안하고 즐거울 수 있는데, 같은 언어로 이야기하면서도 다른 뜻을 품고 소통하는 경우가 있습니다. 그래서 평소에 쉽고 담백하게 자신의 말하려는 바를 잘 전달하는 사람들이 많아져야 하며, 소통을 잘하는 사람이 리더가 되어야 세상이 평안해집니다. 역사를 보면 나쁜 권력자들은 일부러 백성들에게 어려운 소통 방법을 통하여 정보를 제대로 전달하지 않거나 아예 거짓된 이야기로 소통하여 권력을 유지하는 경우가 있었습니다. 물론 그 나라는 건강하게 오래 지속되지는 못합니다. 또한 백성들이 평안한 삶을 살지도 못합니다.

우리가 매일 서로 전달하는 말의 함의에 따라서 우리의 삶이 행복해질 수도 불행해질 수도 있습니다. 항상 진실하게 바른 언어를 사용하는 것은 행복을 누릴 수 있는 좋은 습관이 될 것입니다. 행복한 하루 되시기 바랍니다.

2015-07-17

완벽한 팀
만들기

좋은 아침입니다.

'불완전한 사람이 모여 완벽한 팀을 만든다'

옥스포드대학 리더십 연구팀에 붙어있는 문구라고 합니다. 물론 오래 전의 이야기라서 지금은 다른 문구가 붙어있을 수도 있습니다만 간단한 이 문구에 공감이 많이 됩니다. 살아오면서 여러 차례 실제로 경험한 일이기 때문입니다.

팀웍이 좋아지려면 구성원들은 스스로가 완벽하지 않다는 것을 잘 알고 있어야 합니다. 그리고 서로서로 가진 장점들을 존중하면서 배려하고 협력해야 합니다. 이런 조직에서는 불가능한 것들을 해결해내는 능력을 발휘합니다. 그러나 이와 반대로 구성원들이 생각하고 행동한다면 아무리 재능있는 사람들이 모여도 결국은 큰 성과 없이 팀이 해체될 위기에 부딪히게 될 것입니다.

이때에 가장 필요한 것은 리더들의 행동입니다. 기본적으로 구성원들의 역량의 차이가 일부 있다고 하더라도 그것을 드러내놓고 차별 짓는 행동을 자제해야 합니다. 특히 자신과 코드가 맞는다는 이유로 역량과 관계없이 편애를 한다거나 기회를 더 주게 되면 조직은 아주 망가지기 쉽습니다. 리더 스스로가 조직 내에 편을 가르게 만들고 갈등을 조장하는 일이 되기 때문입니다.

물론 구성원들의 태도도 중요합니다. 자신이 지금껏 쌓아온 경험이나 경력들로 인해서 현재 하고 있는 일에 최고라는 자만심은 금물입니다. 자신 스스로가 우월주의에 빠져 있으면, 분명히 어느 날 그 조직에서 이탈되고 있는 것을 느끼게 될 것입니다. 그리고는 팀원이나 팀이 잘못되었다고 불만을 표시할 것입니다. 사실 가장 큰 문제는 자신에게 있는데도 말입니다. .

간단한 예로 팀웍을 중시하는 스포츠 종목을 보아도 알 수 있습니다. 뛰어난 스타가 많은 팀이 특별한 스타 플레이어가 없는 팀에게 패하는 경우를 가끔 보게 됩니다. 이런 경우가 팀플레이의 중요성을 말해 주는 것입니다. 또한 드문 경우이기는 하지만 스포츠 경기에서도 감독이 스타플레이어를 경기에 내보내지 않는 경우가 있습니다. 이럴 때는 감독이 그 선수에게 팀에 도움이 되지 못한다는 경고를 보내는 신호라고 합니다.

아무리 우수한 자질을 가졌더라도 여러 사람이 모여서 함께 공동의 목표를 이루는 일에는 스스로가 겸손하고 서로 배려하며 협력해야 합니다. 그렇지 않으면 그 집단에서 가치를 잃어버릴 가능성이 커집니다. '완벽한 사람들이 만나서 불완전한 팀을 만드는' 경우를 만들어서는 안됩니다. 자기가 속한 팀이 최고의 팀이 되기를 바랍니다.

2016-02-02

생각하는
대로 본다

사무실에서 우연히 마주친 직원에게 어제 회식 자리와는 다른 모습으로 보인다는 말을 건넸습니다. 그러자 그 친구는 이렇게 대답했습니다. '제가 어제보다 더 예쁘게 보이죠?' 하고 반은 농담처럼 이야기했습니다. 불과 한달 전에 본부장으로 부임했을 때의 경직된 분위기에서는 전혀 예상하지 못하는 편안한 반응을 보게 되어 마음 속으로는 흐뭇했습니다. 사실 저는 직급과 관계없이 함께 근무하는 직원들과 편하게 담소하는 것을 즐깁니다. 그리고 항상 그랬듯이 제게 있어서 후배들은 모두가 예쁘고 잘생겨 보입니다.

그룹 내에 광고회사에서 근무할 때였습니다. 출근하면서 우연히 엘리베이터 한쪽 귀퉁이에 '오늘의 잠언' 같은 문구 하나를 보게 되었습니다. '사람은 생각하는 대로 본다'였습니다. 그때 그 문구를 보고 잠깐 생각하면서 격하게 공감했었습니다.

저는 이와 비슷한 이런 표현을 씁니다.

'눈을 통해서 사물을 보지만 실제는 마음으로 본다.'

인간이 동물보다 나은 것은 인지하고 생각하고 상상하고 학습하는 데서 탁월하다는 것입니다. 그리고 사람마다 시각이 다르다는 것이 또한 아주 재미있는 일이며, 다행스런 일이기도 합니다.

미래를 내다보고 좀 더 앞서 가려면 다양한 직원들의 능력을 최대한 발휘할 수 있도록 해야 합니다. 그런 분위기를 조성하고 이끌어가야 하는 사람은 리더입니다. 저는 오랜 동안 인사 업무를 해오면서 인사 업무의 정점은 각 조직에 어떤 리더들을 세울 것이며, 회사의 미래에 적절한 리더십을 어떻게 만들어가느냐가 가장 핵심이라고 확신하게 되었습니다. 결국 조직문화라는 것이 리더십에 가장 큰 영향을 받는다는 것입니다. 어떤 생각을 가지고 세상을 바라보느냐는 매우 중요합니다. 이것은 우리가 가야 할 길을 결정하는 순간이 될 수도 있습니다.

회사는 여러 가지로 미래의 발전계획을 가지고 노력하며, 지속적인 성장을 위하여 여러 부문에서 변화와 혁신을 추구하는데, 실제 그것이 제대로 잘 구현되려면, 전 구성원이 각기 다른 성향을 가지고 다양한 시각을 가지고 있더라도 회사가 가고자 하는 일에 공감을 얻어내야 하며 같은 목표를 향해서 함께 가게 만들어야 하는데, 리더들의 역할이 중요하다는 것입니다.

만약에 지금 마음이 불편한 일이 있다면, 그 마음을 비우고 긍정적인 것들을 채우는 일이 급합니다. 세상은 눈으로 보이는 것 같지만 생각하는 대로 보게 되어있습니다. 오늘 당신은 어떤 마음으로 보고 있습니까?

2017-02-15

한비자
VS 맹자

사람의 본성이 '선(善)하다' 또는 '악(惡)하다'라고 주장하는 순자와 맹자의 이론은 상호 대립적입니다. 실제 다양한 인간의 면면을 들여보면 상황에 따라서 어느 것이 옳다라고 판단하기에는 쉽지가 않습니다. 저의 경우는 기독교인으로서 그저 '인간의 원죄(原罪)'를 믿고 있기 때문에 굳이 어느 설(設)에 가깝냐고 묻는다면 성악설이라고 할 수 있을 것 같습니다.

한비자는 진시황의 책사로 등용되고 중국을 최초로 통일하는 데 공을 세웁니다. 그는 탁월한 전략가임에 틀림이 없지만 자신을 진시황에게 소개한 친구의 배신으로 결국 죽임을 당하게 됩니다. 사마천의 경우 한비자를 '아주 예리하고 똑똑해서 일을 잘 처리하고 옳고 그름을 명쾌하게 잘 판단하였지만 그의 사상이 가혹하여 은덕이 부족했다'고 평가합니다. 중국을 통일하는 데 큰 도움을 주고서도 가장 친한 친구로부터 배신을 당했던 이유를 사마천의 평가에서 추론이 가능할 것 같습니다.

사람에 대한 철저한 관리와 통제를 추구하는 한비자의 방식과 사람을 존중하고 덕으로 다스리라는 맹자 방식을 대비해서 보면, 우선 당장의 성과에 치중하고 업을 세우는 데에는 한비자의 방식이 좋은 결과를 냅니다. 그러나 실제 많은 사람들에게 사상적 영향을 주고 세상을 평화롭게 만드는 데는 맹자의 방식이 지금에도 널리 활용됩니다.

오늘 아침에 이 이야길 꺼내는 것은 옳고 그름을 판단하려는 것이 아닙니다. 지금에도 한비자를 연구하는 후학들이 그의 많은 이야기를 엮어서 만든 책 〈한비자〉는 많은 조직의 리더에게 읽히고 있습니다. 또한 맹자의 사상은 지금도 중국이라는 거대한 나라의 많은 사람들에게 뿌리 깊은 사상적 기반이 되고 있습니다.

경영서적을 읽다 보면 특히 리더십 부분에서는 '관리와 통제'에서 '배려와 존중'으로 변화가 있어왔습니다. 물론 지금에도 통제하는 방식으로 리드하는 사람들도 많으며, 과거에도 배려와 존중으로 리더십을 발휘하는 사람들이 일부 있었습니다. 제가 말하려는 것은 리더십 변화의 큰 물결이 그렇게 흐르고 있다는 것입니다.

리더십을 발휘하는 것이 상황에 따라서 다를 수는 있어서 어느 것이 옳다고 절대적으로 판단하기는 매우 어렵습니다. 경영이라는 것 자체가 매우 당장의 상황에 의존적이고 가변적이기 때문입니다. 그러나 조직관리라는 측면에서 사람과 사람의 관계로 길게 바라본다면, 관리와 통제는 당장의 현상을 유리하게 이끄는 데에는 적합한 전술임이 분명합니다. 그러나 장기적으로 조직을 안정시키고 성과를 유지하는 것에는 좋은 방식은 아닌 것 같습니다.

요즘 리더십은 '진심을 가지고 사람의 마음을 움직여라'는 말이 자주 통용됩니다. 아무래도 과거에 비해서 수직관계보다는 수평적 관계가 존중되는 사회적 배경 하에서 높은 수준의 문화를 갖취야 한다는 데 많은 사람들이 동의하기 때문일 것입니다.

진리는 변하지 않지만 시대적 욕심에 따라서 인간의 많은 이론들은 변화를 겪어왔습니다. 그래도 우리의 마음 속에는 흔들리지 않는 가치와 신념이 있어야 합니다. 그래야 자신의 삶을 자신의 방식대로 멋지게 살아갈 수 있습니다. 단, 타인에게 좋은 영향을 미치고 이웃에게 도움이 되는 것들이어야 할 것입니다.

2017-06-20

조직문화는
어떻습니까

장쑤성 난징 위쪽에 위치한 화이허(淮河)는 중국을 남과 북으로 나누는 강입니다. 고사성어 귤화위지(橘化爲枳)는 '귤이 회수를 건너면 탱자가 된다'는 말로, 화이허를 기준으로 북쪽 지역은 날씨가 추워 귤 농사가 잘 안 된다는 데 기인하여 똑같은 사람, 같은 지식을 가졌다 하여도 환경에 따라서 훌륭한 사람이 될 수도 있고 그렇지 못한 사람이 될 수도 있다는 이야기로 쓰입니다.

어제도 아침메일에 기업문화에 대한 이야기를 하였는데 오늘도 '귤화위지'라는 고사성어를 문득 생각하면서 어제의 이야기를 계속하여 쓰게 될 것 같습니다.

인사업무를 오랫동안 해오면서 정말 인성적으로나 업무적으로나 훌륭한 사람들을 간혹 만납니다. 그때마다 어떻게 하여 이런 훌륭한 인재로 성장하게 되었나를 살펴보게 됩니다. 그 사람의 이력을 살펴보면 한두 명은 좋은 선배와 함께 일했던 경력이 있습니다. 특히 주니어 시절에 어떤 사람으로부터 직장 생활의 기본을 익혔는가는 매우 중요했습니다.

이런 측면에서도 기업문화의 중요성이 증명됩니다. 아무리 기본적으로 좋은 인품과 지식을 가졌다 하여도 잘못된 환경에서 살아가게 되면 자신도 모르게 그곳에 동화되어 가거나 스스로 이기지 못하여 조직에서 이탈하게 되어있습니다.

그런데 기업문화에 가장 영향을 주는 사람은 최고경영자(Top management)이며 모든 조직의 리더들이라는 것입니다.

쉽게 이해하기 위해 과격하지만 예를 하나 들어보겠습니다. 어떤 조직의 리더가 공사(公私)를 구분하지 못하고 회사의 재물을 개인의 용도로 사용하는 사람이 있습니다. 함께 근무하는 직원들도 처음에는 의아하게 생각하다가도, 시간이 지나면서 타협하고 결국은 그것이 잘못되었다는 생각조차 하지 않는다는 것입니다.

그래서 리더가 되면 수도 없이 자신을 성찰하여 부끄럼이 없어야 하고, 부하직원들에게 좋은 롤모델이 되어야 합니다. 혹시라도 잘못 판단하는 일이 생기더라도 권위로 누르지 않고 투명하게 잘못을 인정할 줄 알아야 합니다. 그래야 직원들이 리더를 더욱 신뢰합니다.

그런데 오래 지속되어온 집단의 습관, 규범 등은 또 다른 문제입니다. 이것은 혁신적인 리더가 나타나지 않으면 바꾸기가 정말 어려운 부분입니다. 자칫 잘못 교정하면 더 나쁜 결과를 초래하기도 합니다. 그래서 '귤화위지'라는 말이 나온 것 같습니다.

지금 우리는 현재와 미래를 살펴보면서 경쟁력을 가진 좋은 근무환경을 가지고 있는지, 리더들의 리드하는 방식, 직원들의 일하는 방식, 암묵적으로 그렇다고 여기고 있는 수많은 행동 규칙들에서 선진적인 문화를 가지고 있는지 성찰하면서 남을 탓할 것이 아니라 자신부터 변화해 나가며 수준 높은 문화를 구축해야 합니다. 그래야 우수한 인재들이 모여들고 이곳에서 즐겁게 일하며 높은 성과를 창출하게 될 것입니다. 이와 반대로 훌륭한 사람이 와서 바보가 되거나 퇴출당하는 그런 회사가 된다면 우리의 미래는 없습니다.

오늘 2018년도 사업계획 공유하는 자리에서 그룹에서 실시한 우리 본부의 문화 조사 결과에 대한 발표가 있을 계획입니다. 한 해 동안 많은 변화를 가져온 것은 사실이지만 아직도 개선해야 할 일들이 많이 있다고 생각합니다.

다가오는 새해에도 우리 모두가 시대의 변화를 리드하는 주인공이 되기를 바랍니다.

2017-12-13

누구와 함께
일하느냐에 따라

같은 일을 주어도 어떤 사람은 기대 이상의 결과를 내고 어떤 사람은 그렇지 못합니다. 같은 지시를 내려도 어떤 사람은 별도의 설명이 없어도 척척 알아서 잘 수행하는 반면에 어떤 사람은 무엇을 하는지 모를 정도로 유심히 지켜보고 나서야 그 사람의 문제가 파악되는 경우가 있습니다. 인사에서 이런 개인의 차이를 개인 역량의 차이라고 하는데 사실 이것도 따지고 들어가 보면 그것이 옳은 판단인지가 어렵습니다. 다만 조직의 리더들이 이끌어가는 방식 즉 조직 문화의 수준이 그런 것을 결정하는 경우도 있습니다

예를 들어서 업무 지시를 할 때에 호통을 치고 일일이 통제하여야만이 일이 돌아가는 수준이라면 그 조직은 일하기에 아주 나쁜 환경이 될 것입니다. 제가 주니어 시절에만 해도 대다수의 리더들은 일방적으로 소통하며 시도 때도 없이 호통을 치며 이끌어가는 일이 많았습니다. 물론 부하직원의 능력에 문제도 있을 수 있지만 제가 바라본 입장에서는 단정하건대 리더에게 문제가 더 많습니다.

이유는 간단합니다. 어떤 관계에서든지 특별한 상황을 제외

하고 문제가 생기는 것은 우월적 지위에 있는 사람에게 책임이 있다는 것이 제 견해입니다.

인사업무를 하며 조직의 문제점들을 접하면서 문제의 원인을 찾다 보면 대부분 리더의 문제였지 구성원의 문제가 있는 경우는 아주 일시적인 문제이거나 특수한 상황이었다는 것입니다.

문제가 많은 조직의 리더들은 보통 책임을 회피하고 문제를 부하직원에게 돌립니다. 본인이 능력의 부족과 인격의 부족함이 결부되어서 발생하는 현상입니다. 이런 조직의 구성원들은 상사에게 신뢰감을 갖지 못하여 구성원들이 일에 대한 열정이 있을 리가 만무합니다.

어떤 리더이든지 역량이 부족한 직원과 함께 일을 해야 하는 것은 숙명입니다. 여기서 리더는 구성원들의 역량을 깊이 파악하고 그들의 능력에 맞게 잘 활용할 줄 알아야 합니다. 그렇지 못한 리더는 자신의 기준에 따라서 지시하고, 기대에 미치지 못하면 채워주는 것이 아니라 그들의 문제점만 바라보기 때문에 성과를 낼 수도 없고 조직의 분위기도 형편없어집니다.

저의 경험으로 본다면 직원을 육성하는 방법 중에 가장 일반적인 방법은 참고 기다리는 것입니다. 그리고 열심히 노력하는데 기대에 못 미칠 경우에 질타를 하는 것이 아니라 함께 고민하며 도와주는 것입니다. 그 직원에 좀 더 세밀한 관심과 애정을 보여주면 생각보다 빠르게 성장하는 것을 여러 차례 경험했습니다. 같은 사람도 누구와 함께 일을 하느냐에 따라서 좋은 인재가 될 수도 있고 그렇지 못한 사람이 될 수 있습니다. 이때에 중요한 역할을 하는 사람이 바로 리더라는 것입니다.

특히 대기업의 숨가쁜 일상에서 참고 기다리는 것은 정말 어려운 일입니다. 하지만 리더로서 자신을 위해서만 일을 할 것인지, 조직과 미래를 위해서 일하는지를 생각한다면 무엇을 선택하는 것이 옳을지 쉽게 판단될 것입니다.

　이런 측면에서 좋은 리더가 되려면 구성원에 대해서 신뢰와 사랑을 가져야 가능합니다. 그것도 없으면서 성과를 내는 리더는 그저 당장의 욕구를 채우는 일꾼에 지나지 않습니다. 마음에 여유가 있어서 더욱 행복한 주말 되시기 바랍니다.

2018-01-19

잘못된 상사를
만나면

직장 생활이 정말 힘든 때가 몇 차례 있었습니다. 그런데 일이 어려운 적은 없었습니다. 환경의 문제가 더 컸습니다. 특히 사람의 문제 즉 상사와 뜻이 맞지 않을 때가 가장 힘들었습니다. 일이 어려우면 시간을 들여서 해당 분야에 공부를 더하거나 유능한 사람의 도움을 받고 또한 밤을 새워서라도 시간을 더하면 해결할 수 있었습니다. 그러나 가치 철학이나 정서가 맞지 않는 상사와 일하는 것은 정말 최악의 환경이었습니다. 특히 양심에서 동의하지 않는 일을 지시하는 경우는 정말로 답이 없었습니다.

제가 팀장이 되고 리더가 되어서 이런 상사들의 특징을 다시 정리해 보면 이러합니다.

1. 회사의 이익은 표면적이고 항상 자신의 이익을 우선시한다.
2. 직원을 인격으로 보지 않고 단지 자신의 성취를 위해 이용하는 도구 정도로 생각한다.
3. 우월적인 권한을 받으면 이것을 함부로 사용한다. 자신의

생각이 항상 옳다는 착각에 사로잡혀 있다.
4. 지시에 다른 의견을 내놓으면 부하직원을 가차없이 공격한다.

한마디로 회사와 상사를 위해서 충성을 다하는 것처럼 보이지만 자신의 이익을 위한 행동이며 거래일 뿐입니다.

이런 상사와 일을 할 때에는 일이 당연히 재미 없어집니다. 어쩌면 내 자신의 생활까지 침투해서 나의 행복까지 빼앗아버리는 것을 느낍니다. 이때는 그저 일의 양을 최소화하고 그 분과 헤어지는 날을 기다리는 수밖에 없었습니다. 당시에는 헤드헌터로부터 여러 차례 이직 제안을 받기도 했지만 회사를 옮기지 않았습니다. 잘못된 상사 때문에 오래 동안 애착을 가진 회사를 포기하는 것에 대하여 자존심이 용납하지 않았기 때문입니다.

이때에는 일을 개선하거나 확장시키는 일을 최소화하면서 때를 기다리는 시기입니다. 그리고 이런 시기에는 자신의 업무 역량을 키우면서 타산지석의 계기로 삼는 시기가 되어야 합니다. 물론 쉽지만은 않습니다. 그러나 당시가 힘들 뿐이지 지나고 보니 스스로 위기를 극복하며 성숙해지는 계기가 되었습니다.

개인적으로 이때에는 다윗 왕의 이야기를 자주 읽었습니다. 그는 사울 왕의 시기를 받아 죽을 고비를 여러 차례 넘기는 어려움도 당하고 아들에게 배신 당하여 광야에서 생활하는 모습이 인상적이었습니다. 3000년이 지난 지금에도 그가 이스라엘 민족의 영웅으로 추앙을 받는 것은 험난한 상황 속에서도 자신의 중심을 잃지 않고 이스라엘 민족의 역사 속에서 가장 빛나는 나라를 이끌었기 때문일 것입니다.

그가 겪은 어려움에 비하여 내가 느끼는 어려움은 사치라는 생각도 하게 되었습니다. 그러면서 자신이 얼마나 나약한 사람인지 깨달으며 더욱 내적으로 강해지는 계기도 되었습니다.

세월이 지난 지금에 보면 부족한 일개의 평범한 사람이 정의를 논한다는 것 자체가 어리석은 일이지만 정의가 승리하는 경우가 많다는 것입니다. 지금 내게 벌어지는 불의에 대해서 지나치게 상심할 필요는 없습니다. 세상은 생각보다 바르게 돌아갑니다. 바로 발밑에 보이는 현실만 바라보니 힘이 드는 것입니다. 보다 긴 안목으로 세상을 바라보고 자신을 살펴서 하루하루 정진하는 마음가짐이 필요합니다.

불의를 견디지 못하고 화를 내기보다는 자신의 지식이나 지혜에 부족함을 먼저 깨닫는 것이 좋습니다. 자신으로부터 진실로 정의로운가를 돌아보는 것이 미래에 진정한 승리자가 될 준비를 하는 것입니다.

2018-02-09

일의
주인이 되면

2018년 새해, 첫 출근 후 어둠이 가시지 않은 테헤란로의 빌딩 숲을 내려다보고 있었습니다. 아침 첫 미팅 때에 리더들에게 무슨 말을 할까 생각하고 있었습니다. 8시에 8명의 임원과 30여명의 팀장들이 모두 모여 새해 첫 회의를 시작하였습니다. 나의 첫 이야기는 이러했습니다.

"오늘 새해 첫 날 아침에 무슨 생각을 하면서 출근했나요? 나는 여기에 계신 리더분들이 이런 생각을 하고 출근을 하기를 원합니다. 어떻게 하면 나와 함께 일하는 직원들이 일터에서 즐겁고 신나게 일을 하게 할 것인가? 그리고 그들에게 행복을 주는 사람이 될 수 있을까?"

제가 본부장이 되어서 새해 첫날 회의에서 하였던 이야깁니다. 어쩌면 이 이야기는 아주 오랫동안 꿈꾸어왔던 것을 좀 더 현실적으로 확대하여 실천하는 첫걸음이었습니다.

사실 저는 팀원 시절에 늘 이런 고민이 있었습니다. 하루에도 사무실에서 몇 번씩 고함 소리가 들리고 다수의 직원들은 분위기에 적응하지 못하고 힘들어하곤 했습니다. 그렇게 행복해 보이지 않은 모습이었습니다. 그래서 혹시 내가 팀장이 되고 임원이 된다면 최소한 함께하는 사람들이 즐겁게 일을 하게 하고 싶었습니다.

물론 조직 내에 관계에 있어서 문제가 있을 경우에 굳이 어느 쪽이 문제가 있느냐를 묻는다면 당연히 구성원들보다는 리더에게 문제가 더 크다고 생각합니다. 그 이유는 리더는 해당 분야에 지식과 경험을 인정받아 권한과 책임이 부여되었기 때문입니다.

다수의 리더들은 상부로부터 부여받은 목표나 과업에만 매몰되어 어떻게 하면 그것을 이루어낼 수 있는지에만 몰입합니다. 즉 함께 일하는 사람들을 그저 자신의 목표를 달성하는 데에 도구로 생각하는 것입니다. 그러다 보니 자신의 뜻대로 되지 않거나 마음에 차지 않는 일이 생기면 직원을 함부로 대하는 것입니다. 조직보다는 자신을 위한 단기적 성과만 보는 지혜롭지 못한 행동으로 판단합니다.

구성원은 조직이 원하는 규칙을 따르고 주어진 책임을 다하는 것은 너무나 당연한 일입니다. 그런데 일을 이뤄가는 과정에서 인간 본연의 평등과 존엄성은 지켜주어야 합니다. 그래야 구성원 간에 신뢰도 생기고 일을 하면서 어려움이 와도 서로 도우며 이겨내는 능력이 배가 됩니다.

직장 생활이라는 것이 항상 즐거울 수는 없지만 만들어가기 나름입니다. 때로 힘이 들고 어려운 목표가 생기더라도 그것을 이뤄내는 힘은 결국 조직 내에 있는 구성원들이 일의 주인이 되고 소통하고 협력해야만이 원하는 성과를 쉽게 얻어낼 수 있습니다.

나쁜 리더들은 사람에 집중하지 못하고 일에만 집중합니다. 사실 그 일을 이루는 것은 사람이라는 것을 간과하고 있는 것입니다. 구글의 인사 원칙의 첫째는 '직원들에게 자유를 주어라'입니다. 이것은 제가 2011년 구글 본사에 방문했을 때에 인사담당자로부터 직접 들은 이야기입니다. 그만큼 우수한 인력을 끌어들이고 그들이 남보다 높은 성과를 창출하게 하는 데에는 구글 창업자의 경영철학이 훌륭했다는 생각이 드는 대목이었습니다.

잘되는 회사는 직원들이 활기차고 스스로 문제를 찾아내어 판단하고 해결하며 능력을 키웁니다.

출근하는 발걸음이 가볍고 활기차야 합니다. 무언가 오늘 하루는 일이 잘 풀릴 것 같다는 긍정적인 생각을 가지고 하루를 시작해야 합니다. 그리고 이것을 도와주고 그렇게 만들어가는 데 이끌어주는 사람이 바로 구성원에게 행복을 주는 좋은 리더입니다.

2021-07-01

누가 나에게
위로가 되고 힘이 되어 주는가

산업화되면서 사회가 복잡해지고 물질 문명이 발달하면서 인간 본연의 존엄한 가치를 점점 상실되는 것으로 보입니다. 최근 들어 뉴스를 보면 학원 폭력이 심해져서 이젠 정부차원에서 나서는 것을 보게 됩니다.

며칠 전에는 전철 안에서 덩치가 큰 남자 고등학생이 여자 중학생을 강제 성추행하였는데 이를 본 시민들이 그것을 보고서도 외면하였다는 기사가 났습니다. 결국 그 여학생이 지하철 공중 화장실까지 끌려가는 것을 본 어느 시민이 전화로 신고해서 붙잡혔다고 합니다.

이 시대에는 '정의가 사라졌다'라는 이야기를 많이 합니다. 사실, 정의라는 것에 대해서는 깊은 고민이 필요하지만 본질을 생각하면 그렇게 어려운 이야기도 아닙니다. 인간이 지닌 상대적인 가치에 대해서 절대적인 것들을 찾아가 보면 그래도 실마리를 찾아낼 수가 있습니다.

착한 사마리아인 이야기는 이미 널리 알려져 있습니다. 어느 사람이 강도를 만나서 위험에 처하게 되었는데 소위 사회적으로 많은 지식을 지녔다는 사람도, 또는 높은 지위를 누리는 사람들도 그 광경을 목격하고도 모르는 체하고 그냥 지나쳐버렸으나, 그 당시 유대민족들이 천하다고 멸시하던 사마리아인이 그를 도와주었다는 이야기입니다.

여기에서 시사하는 바는 여러 각도로 해석이 될 수 있으나, 간단하게 정리하면 진정으로 필요할 때에 누가 나의 친구가 되고 이웃이 되는지를 생각해 볼 필요가 있습니다. 누구든 인생을 살아오면서 작든 크든 여러 어려움에 처하게 됩니다. 이때에 누가 나에게 위로가 되고 힘이 되어주었는가를 생각해 봅니다.

'착한사마리아인법'이 있다는 것을 상식으로 알고 있을 것입니다. 위험에 처해 있는 사람을 구조해야 함에도 불구하고 구조해주지 않은 자에게 내리는 형벌을 말합니다.

여기서 우리는 자신만을 지키려는 욕심에 이웃의 위험을 도외시 하는 행동은 없었는지 생각해 보아야 합니다. 또한 항상 자신의 잘못을 합리화하기 위해서 적당히 정의를 회피하지는 않았는지도 살펴보아야 합니다.

2월의 마지막 주에 서있습니다. 오늘 하루, 그리고 한 해가 지금 이 순간에도 지나갑니다. 모든 선택은 각자의 몫이기는 하지만, 우리가 행하는 일에 옳음이 무엇인지는 알고 지내야 합니다.

2012-02-27

무엇을 위해
배워야 할까요

우연 속에서 맺어지는 이 세상 모든 일들은 결코 나와 무관하지는 않다.
나는 늘 타인 속에서 나를 잃은 뒤에야 나를 찾으며, 삶에 지치고 나서야
시시포스의 후예임을 상기하며 자위한다.

이 글은 조낭희의 〈그리운 자작나무〉에서 발췌한 것입니다.[7]
작가는 작은 회사를 운영하는 사람인데, 일을 게을리하는 직
원을 해고하고서 노동위원회로부터 부당해고로 판정을 받고 난
후에 답답한 마음을 쓴 글입니다. 우리와 같이 대기업에서 인사업
무를 하는 사람들은 적법한 해고 절차를 너무 잘 알기 때문에 이런
실수를 하지 않는데, 작은 회사에서는 근로관계법을 잘 모르고 근
로자와 사용자가 간의 신의에 의해서 고용하고 해고하는 경우가
있어서 절차상의 하자가 발생될 때가 많습니다.
저는 서울지방노동위원회 위원으로 활동을 하면서 이런 사례
들을 적지 않게 접하게 됩니다. 심지어 고용관계법을 악용하여 사

---

7   조낭희(2012), 〈그리운 자작나무〉, 북랜드.

용자를 궁지로 몰아가는 근로자도 있다는 것입니다. 문제는 이런 회사들을 보면 대부분 월급을 주기에도 빠듯한 영세 기업들이며, 노동관계법에 대한 지식이 부족합니다. 그러니 함께 일하던 사람들로부터 경제적 손실은 물론 배신당하는 상실감이 더 크게 느껴지는 경우가 있습니다. 예전에는 지식이 부족해서 받아야 할 권익을 빼앗기는 근로자가 많았었는데, 요즘은 근로자에게 당하는 사업주들도 많아졌습니다.

저는 '배움의 종착지는 이웃을 사랑하는 것'이라는 표현을 후배들에게 가끔 합니다. 가진 법률적 지식으로 남들 괴롭히고 자신의 배만 부르게 하려고 하는 것은 정말이지 벌을 받아야 할 짓입니다. 인간의 다툼을 그나마 합리적으로 판단하려고 법을 만들었을 터인데 오히려 법을 이용해서 자신의 이익에 악용하는 경우가 많습니다.

인간의 척도라는 것은 항상 절대적이지 못하고 상대적이라는 한계가 존재합니다. 그래서 누가 옳으냐 그르냐는 근본적으로 해결하기 어려운 숙제입니다. 그래도 우리에게는 상식과 도리(道理)라는 것이 있어야 하는데 그것마저 철저히 외면 당하고 있을 때에 삶에 지치기도 합니다.

그래서 우리는 타인을 사랑하는 것부터 배워야 합니다. 그럼에도 이타적인 사랑의 마음을 유지하려고 노력하는 것이 시시포스의 숙명처럼 쉽지 않은 일입니다. 신의를 저버리지 않는 좋은 하루 되시기 바랍니다.

2015-05-11

성공의
조건

일본의 마쯔시다 그룹의 창시자인 '마쯔시다 고노스케'는 일본에서 '경영의 신'이라 불립니다. 그는 또한 노조에서 그를 기리기 위해서 동상을 세워준 유일한 경영인이기도 합니다. 전자제품으로 잘 알려진 파나소닉과 내쇼날이 마쯔시다 그룹 내의 회사들입니다.

그는 거대한 회사로 키워나가면서도 종업원에게까지 존경을 받았던 것으로도 유명합니다. 그의 어린 시절은 평탄하지 않았습니다. 아버님의 사업실패에 잇따른 죽음으로 11살의 나이에 자전거 점포의 심부름꾼으로 일을 시작하여야만 했습니다. 하지만 그는 전기 하나로 13만 명의 종업원이 일하는 거대한 그룹의 회장으로 성공한 입지전적인 인물이 되었습니다.

오늘 아침은 그가 성공을 이룬 배경에 대한 이야기를 나누려고 합니다. 어느 기자가 그에게 성공할 수 있었던 조건을 물었는데 다음과 같은 세 가지의 대답을 하였다고 합니다.

첫째, 나는 11살에 아버님을 여의었다. 그래서 일찍이 철이 들었으며 경제적으로 어려워서 부지런히 일을 해야 했다.

둘째, 나는 초등학교 4학년을 중퇴해서 지식이 부족했다. 그래서 남의 말에 귀를 기울이는 습관을 가졌고, 지금까지도 항상 학습하는 자세를 가지게 되었다.

셋째, 나는 어려서부터 몸이 매우 허약했다. 그래서 건강의 중요성을 일찍 깨달았고 항상 건강관리에 관심을 기울여야 했다.

고노스께의 성공의 조건은 일반인에게는 무엇 하나 좋은 조건이 되지 못했습니다. 어쩌면 불운했어야 했던 운명이었을지도 모릅니다. 좋지 않은 환경을 스스로 극복하여 남들이 이뤄내지 못하는 큰일을 해냈음에도 항상 겸손하게 자신의 길을 가는 사람이었습니다.

요즘 우리 사회에서 갈등이 빚어지는 많은 부분이 현재에 대한 불만에서 시작이 됩니다. 제가 볼 때에는 관점에 따라서는 그렇게 나쁜 환경이 아닌데도 항상 나쁘다고 생각합니다.

처해진 환경을 긍정적인 관점으로 바라보면서 감사함으로 모든 일을 대하다 보면 어느 날 문득 자신이 보다 성숙해져 있음을 알게 될 것입니다. 현재의 어려운 상황을 자신의 밖에서 찾을 것이 아니라 자신 스스로가 책임지고 개척해 나가야 할 일이라고 생각하면 최소한 실패하는 삶을 살아가지는 않을 것이라는 생각을 해봅니다. 늦가을은 지금 우리에게 주어진, 추수할 열매에 대해서 감사해야 하는 계절입니다. 당신의 감사가 행복을 만드는 하루이기를 기원합니다.

2014-11-10

현대 기업의
역사를 보면

인류의 역사를 깊게 보면 현재 또는 미래에 대한 답을 찾을 수 있습니다. 수천 년 전에 일어났던 일들이 현재에도 본질은 크게 다를 바 없이 진행되는 일이 많습니다. 그럼에도 불구하고 현재를 살아가는 많은 사람들은 역사에서 증명했던 사실들을 잊고 잘못된 길을 가곤 합니다. 그 이유는 현재라는 틀에서 벗어나지 못하고 시선(관점)을 멀리 보지 않았기 때문입니다.

다른 사람이 장기를 둘 때에 뒤에서 보고 있노라면 답답할 때가 정말 많습니다. 물론 장기를 두는 사람이 탁월한 고수인 경우를 제외하고 말입니다. 그런데 그 사람과 장기를 두게 되면 그 사람보다 잘 두지도 못한다는 것입니다. 왜 이런 현상이 일어날까 생각해 보면 제 3자의 관점에서 바라보는 것과 장기판 위에서 직접 장기를 둘 때에 보는 시야가 달라져서입니다. 당장의 승부라는 현실에 빠져서 자기 중심을 잃기 때문인 것 같습니다.

역사를 돌아보면 아무리 강력했던 제국들도 모두들 결국은 사라졌습니다. 그리고 전혀 생각하지도 못했던 변방의 약소 국가가 강성해져서 한 시대를 풍미한 사례도 많습니다. 왜 이런 일들이 반복될까요?

강성했던 제국이 갑자기 망하는 경우는 없습니다. 이미 오래 전부터 서서히 붕괴되고 있었던 것입니다. 지도층이 과거의 영화로웠던 것에 취해 있기 때문에 세상이 어떻게 변하는지 모르고 결국 외세에 의해서 무릎을 꿇는 것입니다. 여러 변방의 국가 중에서 하나의 국가가 결국 주변을 차례대로 정복하고 가장 강력했던 나라를 무너뜨립니다. 역사적으로 많은 약소국 중에서 강력한 나라의 기틀을 만들고 번성한 나라는 어디였나요? 그리고 결국 주변의 모든 나라를 정복하고 강한 대제국을 만드는 나라는 어떤 나라들일까요? 미래를 내다보는 탁월한 리더가 우수한 장수들을 모으고 힘을 합하던 나라였습니다.

현대 기업의 역사가 길어 봐야 200년 조금 넘었습니다. 그 동안 수천 수만 개의 기업들이 생겨났다가 사라졌으며 200년 이상을 거대기업으로 유지한 경우는 거의 없습니다. 몇 해 전 미국 다우존스 지수 대상에서 제외되어 충격을 주었던 GE가 아마도 가장 오랜 기업 중에 하나일 것입니다.

현재의 모습을 냉철하게 판단하고 지금 우리가 취해야 할 태도가 무엇인지 정확하고 바르게 판단하는 것은 이제 미래를 향한 첫걸음이 될 것입니다. 세상은 빠르게 변하는데 과거의 생각에 빠져 있고, 현실적인 사사로움을 떨치고 일어서지 않으면 어떤 거대기업도 이미 역사 속으로 사라질 준비를 해야합니다.

개인도 마찬가지입니다. 명문대를 졸업하고 좋은 직업을 가졌다 해도 현실을 모르고 역사가 가르쳐주는 진실을 외면하게 되면 추락하는 것은 순식간입니다. 역사적 진실 앞에 정직한 사람이 되기를 바랍니다.

2021-07-09

일
work

어떤 마음, 어떤 가짐

이번 장은 직장에서 일어나는 일과 관련된
글들입니다. 이 책의 글들이 모두 그렇듯이
'이렇게 하라', '이것이 정답이다'라는 표현은
거의 없습니다. 보고 느낀 사실들에 대해서 담담히
이야기하면서 생각을 전달하며 공유합니다. 단지,
공감하시는 내용이 있다면 그저 실천에 옮기시면
됩니다.

모든 것은 마음에 달려 있습니다. 일도
마찬가지입니다. 누구의 지시나 교육에 의한 것이
아니라 스스로 느껴서 깨달은 후에 좀 더 일에
재미를 붙이고 즐거워지기를 바랍니다.

일을
잘하는 사람

신입사원 시절에는 낯선 환경에 적응하고 새로운 일을 배우느라 다른 것에 신경 쓸 틈이 없어서 즐겁게 지내왔습니다. 늦은 밤까지 남아서 선배들이 해놓았던 일들을 살펴보거나 아무도 모르게 휴일 오후에도 출근하였습니다. 이미 마무리해 놓은 일을 다시 점검해 보고 새로운 방법을 찾아보는 일이 즐거워서 시간 가는 줄 모르고 밤 늦게 집에 돌아오는 날도 많았습니다. 모르는 것이 너무 많다는 것을 인정하고 새로운 것을 배우는 것이 재미있었습니다.

팀장 생활을 몇 년을 하다 보니, 실무자의 시각에서보다는 관리자로서의 시각으로 업무를 살펴보게 됩니다. 그래서 자신도 모르게 직원의 업무능력을 판단하고 또한 좀 더 향상시킬 수 있는 방법을 찾아보기도 합니다.

일을 잘하는 사람들은 어떤 일을 맡겨도 무언가 다르다는 것을 느끼게 됩니다. 그런 사람들의 성향을 보면 한자리에 머무르지 않는 모습을 보여줍니다. 자신의 맡은 일에 애착이 많으며 늘 개선하여 효율적이고 합리적인 방법을 찾아내는 사람들입니다. 항상 에너지가 넘치고 신선함을 가져다주는 사람입니다.

이와 반대로 가끔은 오랜 경험들이 자신의 능력 개발에 저해가 되는 사람들이 있습니다. 담당업무를 수행하는 능력에 비하여 교만하며 이미 퇴색해 버린 경험을 무기로 삼아서 독불장군처럼 일을 하는 유형입니다. 그런 직원을 보면 타산지석으로 삼고 자신을 철저히 살펴보게 됩니다.

스스로 자신을 비워서 겸손하지 않고는 아무리 좋은 것이 있어도 스스로 받아들이기가 어렵습니다. 자신을 살펴 이미 지나간 일들을 과감하게 내려놓는 것은 보다 나은 내일을 준비하는 첫걸음이 됩니다.

비우거나 버려야 할 것들을 살펴서 실천하는 하루가 되시기 바랍니다.

2006-9-26

정성을
다하고 있습니까

30대 초반 시절에 아무런 이유도 없이 제게 관심을 보여주며 친절하게 대하여 주던 분이 있었습니다. 매주 일요일마다 만나서 간단하게 삶에 대한 나눔이 있었는데 그분이 내게 건네준 말씀 중에서 기억에 생생하게 남는 이야기가 있습니다.

그분은 종합병원에 근무하는 의사였는데, 하루에도 많은 환자들을 진료하시면서 참으로 피곤하고 힘들다고 하십니다. 그렇지만 환자나 보호자에게 최선을 다해서 알아듣기 쉽게 진단 내용을 이야기해 주고 친절함을 잊지 않으려고 노력한다는 것입니다. 초년 시절에는 환자에게 늘 정해진 형식적 진료를 하였으며 자신의 입장에서 전달만 하려 했었다고 합니다. 그런데 일하는 태도를 바꾸고 나니 어느 순간부터 자신 스스로가 더욱 즐겁고 쉬워지며 보람을 느낀다는 것입니다.

같은 일을 해도 어떤 사람은 쉽고 간단히 잘 해결하는 사람이 있습니다. 그와 반대로 어떤 사람은 모든 일을 어렵게 처리하는 것을 보게 됩니다. 때로는 그런 그의 행동이 상대방을 곤경에 빠뜨리기도 하면서 스스로도 힘들어하는 것을 보게 됩니다.

물론 일을 하다 보면 마땅치 않고 이해하기 힘든 상황에 접할 때가 있습니다. 그런데 잠잠히 자신의 모습을 돌아보면 자신에게 문제점이 더 큰 경우도 있습니다. 모든 관계에 있어서 자신의 입장에서만 바라보게 되면 세상 사는 것이 너무나도 힘듭니다.

어제는 북아프리카의 어느 구두 수선공이 교황으로부터 성자 聖子 칭호를 받았다는 뉴스를 들었습니다. 그가 성자 칭호를 받은 이유는 아주 간단합니다. 평생을 구두 수선을 하였는데 그는 어떤 손님을 만나든지 예수님이라고 여기면서 정성을 다해서 수선을 하여주었다는 것입니다. 그런데 기자들의 인터뷰에서 그분은 정작 왜 자신이 성자 칭호를 받아야 하는지 모른다고 이야기를 했다고 합니다.

의외로 많은 사람들이 자신이 유리한 대로 사람을 판단하고 차별합니다. 삶이 힘들고 어려운 이유가 자신에게 있다는 것을 모르고 매일 불평하고 남을 탓합니다. 일을 대하는 태도는 정말 중요한 것 같습니다. 무슨 일을 하느냐도 중요합니다만 맡겨진 일에 어떤 마음가짐으로 임하느냐에 따라 인생이 결정될 수도 있다는 것입니다.

맡겨진 일에 정성을 다하며 즐거운 하루가 되기를 바랍니다. 좋은 주말 되시기 바랍니다.

2007-06-08

작은 실패를
즐겨라

인사팀장 시절에 연구원으로 근무하는 직원의 아버지가 저를 찾아왔습니다. 회사에서는 직원의 부모님이 찾아오는 사례가 극히 드물기에 사유가 매우 궁금 했었습니다.

그분의 말씀은 이러했습니다. 그분의 아들은 초등학교에서부터 대학에 들어갈 때까지 1등을 놓쳐본 적이 없었으며, 우리나라 최고의 학부와 대학원을 다녔으며 우수한 성적으로 졸업하였습니다. 아버지는 공부 더하고 강단에 서기를 바랐는데, 아들의 희망에 따라서 현대자동차에 입사하였답니다. 오늘의 문제는 첫 승진 기회에서 아들이 실패를 경험한 것입니다. 아들이 좌절을 겪고 힘들어 하는 모습을 보던 끝에 아버지가 승진하지 못한 사유를 직접 확인하고 싶었던 것입니다.

찾아오신 분의 명함을 보니 국내 최고의 대학에서 학생을 가르치는 교수이셨습니다. 아들이 처음 겪은 시련에 대해서 적지 않은 놀라움과 염려가 있는 것이 역력했으며 아들의 승진 누락에 대한 상세한 사항을 알고 싶어했습니다. 제가 느끼기에는 상황에 따라서 아들의 진로를 새로 모색하여 주려는 생각도 가지고 있는 것 같았습니다.

만족할 만한 설명이 되었는지는 알 수는 없지만 상담을 마치고 돌아간 후, 한 달이 지나가기 전에 그 직원은 해외대학에서 더 공부하겠다는 사유로 퇴직했습니다.

저는 이 일을 겪고 나서 몇 가지 생각을 해보았습니다.

인생에 있어서 실패를 빨리 경험하는 것도 좋은 학습 중에 하나라는 것입니다. 특히 기업은 학업 성적이 좋았던 것만으로 성공적인 직장 생활을 보장할 수 있는 곳이 아니기 때문입니다. 때로는 조직 내에서 동료들과 잘 어울리고 협력하는 일이 지식보다 더 중요하기도 합니다. 그래서 자신에게 맞는 일을 선택해야 하며, 아니라고 생각할 때에는 새로운 길을 찾아야 합니다. 또한 부모가 자식에게 도움을 줄 수 있는 역할도 잘 분별하지 못하면 자칫 스스로 세상을 헤쳐나가는 법을 배우지 못할 수도 있다는 것입니다.

주니어 시절에는 기존에 경험하지 못했던 새롭고 어려운 일들에서 실패를 맛보아야 합니다. 이때가 자신을 성장시킬 수 있는 아주 좋은 시기입니다. 마음에 새겨두어야 할 것은 좋은 리더로 성장한 사람들 중에 누구도 실패를 경험하지 않은 사람은 없다는 것입니다. 작은 실패를 즐기는 주말 되세요.

2007-10-05

질문
기다립니다

인생에는 정답이 없다고 합니다. 교과서에서 배운 대로 또는 앞서 간 선배들이 가르쳐준 대로 해도 같은 결과가 나오지는 않기 때문입니다.

조직의 리더로 일하다 보면 사람에 따라서 일을 잘못 처리하고 나서 전전긍긍하다가 뒤늦게 보고하는 경우, 밝혀질 수밖에 없을 때까지 문제를 숨겨 두는 경우, 드물기는 하지만 거짓으로 무마하고 지나가는 경우를 보게 됩니다.

사실, 정상적인 리더라면 웬만하면 직원들의 모습을 훤히 알고 있습니다. 세세한 사항은 모르더라도 직관이나 느낌으로 거의 정확하게 판단합니다. 리더가 알면서도 즉각적으로 반응하지 않는 것은 스스로 느끼고 성장하길 바라기 때문이며, 단지 기다려주고 배려할 뿐입니다.

정답이 없는 세상사 중에서도 직장 일은 그래도 아주 쉽습니다. 사전에 상사에게 물어보는 습관이 익숙해지면 일하기가 매우 편합니다. 그런데 그것을 못해서 매일 쩔쩔매는 경우가 있습니다. 세상 사는 방법 중에서 '물어보는 것'은 긍정정인 측면이 많은 행동입니다.

자신의 분야에 전문성이 있을수록 타인에게 질문하는 습관은 필요합니다. 그래서 불치하문(不恥下問)이란 표현도 있는 것입니다. 질문은 여러 가지 유형으로 볼 수 있습니다. 테스트나 질책을 할 때에도 쓰지만 상대의 의견을 존중하고 인정한다는 의미가 있으며 상대로부터 도움을 받겠다는 의미가 있습니다.

이런 질문을 자주 해야 합니다. 우리와 같은 조직 내에서 질문은 미래에 대한 불확실성을 조금 더 안전하게 바꾸는 과정이기도 합니다. 그래서 상대를 존중하며 질문을 하는 일은 정답이 없는 세상에서 좀 더 옳은 판단을 하기에 좋은 삶의 방법입니다. 서로 존중하는 질문을 자주 하기를 원합니다.

2009-04-07

힘을 빼는
습관

최근에 LPGA 메이저 대회인 US오픈에서 우승한 지은희 선수는 인터뷰에서 이런 말을 했습니다.

선두로 달리다가 열 번째 홀에서 더블보기를 하게 된 후에 우승을 하겠다는 욕심을 버렸다. 그 후로 샷의 정확성이 좋아져서 우승할 수 있었다.

그의 인터뷰 내용으로 보아서는 아마도 우승을 해야 한다는 정신적인 압박에서 벗어났기에 우승할 수 있었다는 말입니다.

대학 다닐 때의 일인데, 친구가 만취한 상태에서 학생회관 2층 베란다에서 발을 헛디뎌서 아래층으로 떨어졌습니다. 그런데 그는 놀랍게도 툭툭 먼지를 털면서 자리에서 일어났습니다. 거의 다친 곳이 없었습니다. 아마도 너무 취한 나머지 무의식 중에 몸이 경직되지 않아 운 좋게도 크게 다치지 않았던 것으로 보입니다.

우리는 하루하루 항상 분주하고 긴장한 상태에서 일을 합니다. 그러나 긴장을 풀고 마음이나 몸에 힘을 빼는 연습이 필요합니다.

군입대 후 자대 배치 받자마자 공수훈련을 받았습니다. 공중에서 땅에 접지하는 훈련만 거의 한 달 동안 합니다. 하루에도 수천 번을 약 2미터 되는 높이에서 모래 구덩이에 몸을 내던지는 훈련입니다. 물론 체계적인 방법을 통해서 기술적으로 하는 것이지만 어쩌면 본질은 몸에서 힘을 빼는 훈련입니다. 강하 훈련을 할 때에는 공중에서 땅에 거의 다다르면 절대로 아래를 보지 않도록 교육을 받습니다. 땅을 보게 되면 자신도 모르게 몸이 경직되어 다리나 허리가 부러질 가능성이 높기 때문입니다.

이번 주부터 여름 휴가가 시작됩니다. 휴가는 그 동안의 경직되고 바쁜 일상에서 벗어나는 것입니다. 그리고 육체는 물론 정신적인 긴장을 풀고 생각을 유연하게 만드는 시간입니다. 휴가를 즐기는 것은 어쩌면 내일을 위해서 심신을 준비하는 기간입니다. 지금은 휴식이 일하는 것보다 훨씬 효율적일 때입니다.

장마가 곧 그칠 것입니다. 회색의 구름이 걷히고 파란하늘과 흰 구름 사이로 작열하는 태양이 더욱 아름다운 여름을 기대하는 아침입니다. 멋진 휴가 되시기 바랍니다.

2009-07-21

연습을
실전처럼

스포츠 중계를 볼 때에 해설자들이 하는 이야기 중에 '연습을 실전 같이 실전을 연습처럼 해야 한다'라는 말을 자주 듣습니다. 이 말의 의미는 연습할 때 실전처럼 열심히 하고 실제 할 때에는 연습한 결과를 바탕으로 지나치게 긴장을 하거나 주눅들지 않고 원래의 실력을 충분히 발휘해야 한다는 것입니다.

스포츠 경기가 아니더라도 실제 능력보다 평가나 시험대에 오를 때에 제 실력을 발휘 못하는 경우가 흔히 있습니다. 저도 그런 경험을 해본 적이 있는 것 같습니다. 늘, 좀 더 잘할 수 있었는데 하는 아쉬움이 남습니다.

그런데 냉정히 따지고 보면 그것도 실력 중의 일부인 것 같습니다. 실전에서 평소의 모습대로 잘 수행하거나 평소 이상의 성과를 내는 사람들도 있기 때문입니다. 아마도 천부적으로 타고난 승부사 기질이 있다거나 집중력이 좋아서 그렇지 않을까 하는 생각을 해봅니다.

루키 시절에는 주목을 끄는 선수였는데 영원히 미완未完의 대기大器로 남아 있다가 쓸쓸히 흔적도 남기지 못하고 퇴장하는 경우도 꽤 있습니다. 여러 가지 이유가 있겠지만 가장 중요한 요소는 그 또한 연습이 부족했던 것은 아닌가 싶습니다.

평소보다 실전에 약하다면 그 이유를 철저히 분석하고 대책을 수립하는 것도 연습에 포함시켜야 하는 것입니다. '인생에는 연습이 없다', '리허설이 없다'라고들 하지만 인생에 있어서 배움은 끝이 없으며 매 순간이 실전이며 연습이라고 생각합니다.

실패를 두려워하지 않고 원인을 찾아서 새로운 배움의 계기로 삼고 도전하는 것은 결국 최후의 승리자가 되기 위한 준비 과정이며 실전입니다. 오늘도 성취하는 하루가 되시기 바랍니다.

2009-11-25

적(敵)은
없다

영화를 그렇게 좋아하지는 않지만 기억에 남는 영화들이 더러 있습니다. 개중에는 기억에 남는 잘 알려진 대사들이 있는데, 그중 하나가 제가 중학교 때에 유행했던 서부영화(미국개척시대 총잡이들 이야기) 지금은 제목도 잊어버렸습니다. 혹시 〈황야의 무법자〉 또는 〈황야의 7인〉 정도가 아닐까 합니다.

주인공이 한바탕 총 싸움질을 마치고 휴식을 취하는 중에 새롭게 만난 동료가 그에게 묻습니다.

"당신의 적이 몇 명이나 있습니까?"

대답이 이렇습니다.

"내게는 적이 없다. 나는 적이라고 생각하면 모두 죽여버리니까"

이 대사가 어린 내 마음에는 참 특이하고 인상적인 표현이었습니다.

어느덧 40을 넘기고 대기업이라는 큰 조직에서 생활을 하면서 지금 그 대사를 생각하면 이렇게 바꾸고 싶습니다.

"내게는 적이 없다. 적을 포용하지 못할 정도면 기억에서 지워버리니까"

어제는 오래 전에 퇴직한 사람을 만나게 되었습니다. 그 사람은 한때 경영층의 신뢰를 받고 많은 중요한 일을 처리했던 경력을 가진 분인데 이런 이야기를 하였습니다.

"내가 회사 일에만 열심 하다가, 조직 내에 적을 많이 만들었다. 그래서 일찍 퇴직하게 된 것이다."

한때 권한이 많고 두려움의 대상이 되었던 어떤 팀이 있었으나 오래 가지 않아서 그 팀이 공중분해 되었습니다. 그리고는 제가 그 팀이 하던 역할을 담당하게 되었던 시절이 있었습니다. 저는 그 때 이런 생각을 하게 되었습니다.

'내가 그 일을 맡으면서 얼마나 많은 사람들의 욕을 먹게 될까?'

'그 욕을 듣지 않는 방법은 무엇일까?'

그래서 저는 전보다 두배 이상 항상 겸손하게 사람을 상대하려 했고 의사결정을 하기 전에 상대의 이야기를 들어보려고 전보다 많은 노력을 쏟았습니다. 그래야만이 최소한 예전의 제 모습 그대로의 시선으로 보게 될 것이라고 생각한 것입니다. 나는 바뀌지 않았더라도 나를 바라보는 사람들의 시선이 바뀌었기 때문에, 상대는 작은 일에도 서운해 하고, 억울해 하고, 심지어는 적으로 생각할 수 있기 때문입니다.

어느 환경, 어디에서나 중심을 잃지 않고 자신의 모습을 꿋꿋하게 지켜가며 살아가기가 쉽지 않습니다. 왜냐하면 세상이 내 생각처럼 바라보질 않기 때문입니다. 적이 없어서 세상이 아름답게 보이는 하루 되시기 바랍니다.

2011-06-01

실수를
인정하라

신입사원 시절에 처음으로 배치받은 곳이 현대백화점 무역센터점 맞은 편에 있는 영업지점이었습니다. 당시 부여받은 업무는 할부 차량에 대해서 채권 확보를 하는 일이었습니다. 항상 제일 먼저 출근해서 오전 중으로 해야 할 일들을 마쳐 놓고 오후에는 선배사원들의 일을 도왔습니다.

자연스럽게 선배들이 하는 일도 배우며 재미있게 신입사원 첫해를 보내고 있던 어느 날 중대한 실수를 발견하게 되었습니다. 당시의 고가 차량 20여 대를 부실 채권으로 만들었습니다. 부실 채권 금액이 대략 강남의 아파트 두 채 가격이었던 것으로 기억합니다.

그런데 그 사실을 확인하는 순간 왠지 모를 강한 희열을 느꼈습니다. 이제서야 루틴의 지루함에서 벗어나서 제대로 재미난 일을 할 수 있겠다는 생각을 했습니다. 비록 내 잘못으로 생긴 일이지만 일에 대한 강한 도전을 받아서 마음 속에서부터 에너지가 생겼습니다. 그날 밤에 해결 방안을 스스로 검토하고 세워서 다음날부터 하나씩 실행에 옮기기 시작했습니다. 물론, 다음날 아침에 곧바로 담당 과장님에게 보고도 드렸습니다. 놀랍게도 한 달이 채 지나지 않았을 때에 모든 문제를 해결했습니다.

지금 돌아보면 그때의 실수가 제게 좋은 경험이 되었습니다. 관리자가 되고 나서 부하직원의 실수에 격려하고 관용하는 데 좋은 경험이었고, 실수하는 과정에서 핑계 댈 만한 일도 있었지만 문제를 회피하지 않고 중심에 서서 스스로 해결했었던 것이 동료들에게 부담이 되지 않았으며, 나의 잘못을 솔직하게 인정하고 진심 어린 협력을 구했기 때문에 가능했습니다. 무엇보다도 중요한 것은 평소에 쌓아놓았던 이해관계자들과의 신뢰를 검증할 수 있었으며 그것이 얼마나 값진 것인가를 확인하는 계기가 되었습니다.

실수는 누구에게나 있을 수 있는 일입니다. 동일한 실수의 반복이나 어처구니 없는 실수를 해서는 안되겠지만, 실수를 했을 때에 자신의 문제를 인정하는 일이 최우선이 되어야 합니다, 그리고 어떻게 수습할 것인가를 빨리 찾아내고, 상사에 보고하고, 최대한 빨리 해결해야 하는 것입니다. 큰 문제없이 칭찬만 받고 성장한 사람들이 자신의 실수를 덮으려 하고, 인정하지 않으려는 성향이 일부는 있습니다. 어리석은 일입니다. 자신은 물론 조직이나 동료에게 큰 부담을 주는 행위입니다. 그것이 자꾸만 쌓이면 신뢰마저 잃고 모든 것을 잃게 됩니다.

신입사원에게 이런 이야기를 가끔 해줍니다.

"신입사원 때에는 실수를 많이 경험하라. 이때에 실수는 책임은 적으면서 실력을 쌓기에 좋다."

사실, 신입사원에게 맡기는 일은 대개가 실수를 해도 회사에 치명적인 영향을 끼칠 일이 없기 때문입니다.

자신의 아픔을 통해서 남을 이해하고 생각이 커질 때가 있듯이 실수를 통해서 더 값진 것을 얻을 때도 많습니다. 모든 문제는 당장의 결과보다 문제를 대하는 태도가 더욱 미래에 미치는 영향이 큽니다. 실수에 머무르지 않는 주말 되시기 바랍니다.

2011-10-28

힘들 때 찾아가는
선배가 있습니까

어제는 승진발령이 있었습니다. 우선 승진하신 분들께 진심으로 축하를 드립니다. 저도 여러 차례 승진해 보았지만 입사 후에 첫 승진이었던 대리 승진과 임원 승진할 때가 기쁨이 좀 더 컸던 것 같습니다.

승진을 할 때마다 '회사에 빚이 많은 사람이다'라는 생각을 가졌던 기억이 있습니다. 회사에 기여한 것도 별로 없는데 과분한 보상을 받게 되었다는 생각에서입니다. 승진을 한다는 것은 분명히 기쁜 일이지만 책임감이 앞서는 것도 사실입니다. 좋은 일이 있을 때에 기쁨을 누리는 것도 중요합니다만 그 일에 안주하지 않고 자신을 돌아보면서 내일을 향해서 겸손하게 다시 시작하는 자세가 필요할 때이기도 합니다.

그리고 좋은 일이 있을 때에는 반대의 편에서 힘들어하는 사람도 있다는 것도 간과하지 말아야 합니다. 살아가면서 누구나 힘든 일을 당해 보셨을 텐데 기쁠 때에 받았던 축하보다는 힘들 때에 받았던 위로가 훨씬 오래 기억되었던 것을 생각해 봅니다.

그런데 어제 회식자리에서 한 후배가 제게 와서 술잔을 건네면서 취기 어린 말로 이런 이야기를 건넸습니다.

"몇 해 전에 정말 제가 어려울 때에 형님을 찾아 갔었지요. 그때 특별히 어려움을 해결 받으려고 간 것도 아니고 하루 아침에 어려움이 해결되지도 않겠지만 나의 고충을 들어주는 형님 같은 직장 선배가 있었다는 것만도 큰 위로가 되었습니다."

늘 부족한 저로서는 좀 듣기가 거북할 정도로 과한 칭찬이었는데도 진심에서 나온 말이라는 데서 듣기에는 좋았습니다.

'제가 원치 않는 일에 부딪쳐서 힘들어할 때에 선배님은 언제나 나의 이야기에 귀를 기울여주고, 제 생각을 받아주는 사람이었습니다. 그것이 마음 속으로 큰 위로가 되고 힘이 되었습니다. 그때는 정말 힘이 들었었습니다.'

조금은 오버인지는 몰라도 이렇게 후배의 말을 받아들였습니다.

같은 길을 걸으면서 다른 생각을 품는 일이 얼마나 힘든 일인지 모릅니다. 때로는 서로 다른 생각을 가졌다 하더라도 서로 마음을 열어서 이해하고 포용하며 뜻을 모으는 일이 무척 중요합니다.

저는 그 후배의 이야기에 이렇게 답변하고 싶습니다.

'나는 너와 같이 좋은 생각을 가진 후배들이 찾아와 줄 때마다 인생을 잘못 살지는 않은 것 같다. 힘들 때에 찾아와 준다는 것은 나를 믿기 때문이라고 생각한다. 네가 지금 힘에 부친다는 것은 머지않아 더 좋은 일이 있으려고 그런 것 같다. 어려움을 잘 이겨내는 것 또한 미래의 행복을 연습하는 것이다.'

서로를 알아보는 좋은 하루 되시길 바랍니다.

2011-12-28

현실을
직시해라

대학교 2학년 가을학기였을 때 '서양철학'이라는 과목을 듣고 있었습니다. 기껏해야 20명 정도 수강했었고 선생님의 강의도 인기가 있거나 재미 있지는 않았었습니다.

나뭇잎도 거의 다 떨어져서 앙상한 가지만 남아 있고, 도시가 온통 회색 빛이 드는 을씨년스러운 늦가을이었습니다. 옷깃이 올라가고 강의실은 썰렁하여 센티멘탈해지는 그런 계절이었습니다. 그런 계절의 어느 강의시간에 들었던 교수님의 말씀이 지금도 가슴에 남아있습니다. 참고로 교수님은 실용주의 철학 성향이 강한 분이었습니다.

가을학기가 끝난 겨울 어느 날 교수님께서 연구실에 있는데, 조교가 심각한 모습을 하고는 찾아와서 교수님에게 이런 질문을 했다고 합니다.

"교수님 인생이 무엇인가요? 제가 왜 사는지 모르겠어요! 삶의 의미를 잘 모르겠어요!"

그 이야기를 듣고 나서 교수님은 이글거리는 난로가로 다가가서 난로의 뚜껑을 열고서는 조교를 불렀답니다. 그리고는 아무말 없이 갑자기 조교의 손목을 잡아서 난로 속으로 당겼답니다. 그러자 조교는 깜짝 놀라면서 잽싸게 손을 뿌리치며 "앗 뜨거, 왜 이러세요?" 하고 놀랐다고 합니다. 교수님은 제자의 놀라는 모습을 보면서 이렇게 이야기를 하였답니다.

"이래서 사는 거야."

이 이야기는 30년이 가까이 지난 지금에도 제 기억에 살아 있습니다. 아마도 군대에 가기 전 제 모습이 그 교수님의 제자와 비슷했었기 때문에 더 절실히 들렸던 것 같습니다.

물질 문명이 발전할수록 정신세계가 나약해집니다. 물질이 풍요로우면 행복해질 줄 알았는데, 우울증 환자는 더 늘어나고 자살하는 사람들도 증가합니다. 왜 그럴까요?

그 철학 교수님은 유명하지도, 강의를 재미있게 하는 분도 아니었지만, 나약하기 그지없고 솜사탕 같은 생각으로 세상을 바라보던 내게 실제적인 것을 깨닫게 해주는 중요한 이야기였던 것 같습니다.

회사는 실질적이고 실용적인 것이 우선입니다. 물론 여러 과정 중에는 광고와 같은 포장도 필요하지만 본질은 실력으로 성과를 내야 살아남는 집단입니다. 남이 갖지 못하는 자유와 여유를 가지면서도 현실을 직시할 줄 아는 여러분이 되기를 기대합니다. 삶에 더 가까이 다가가는 하루 되세요.

2012-03-20

241

뜨거운
사람

저는 어려서부터 야구를 무척 좋아했습니다. 우선 동네 친구들과 어울려서 야구 시합을 하면 체력이 좋은 편이어서 빠른 공을 던질 수 있었으며, 장거리 타자였기 때문에 상대편에게는 늘 경계의 대상이었습니다. 모든 운동을 좋아하였지만, 특히 야구를 더욱 즐겼던 것 같습니다. 게다가 야구 명문 고등학교에 진학하다 보니 야구에 대해서 좀 더 깊이 공부하였고 당시 국내의 웬만한 선수들의 프로파일을 줄줄 외울 정도로 야구에 관한 한 남다른 지식을 가지고 있었습니다. 대학에 들어가서도 틈만 나면 서울운동장 야구장(지금의 동대문 인근에 있었는데 철거되었음)에 가서 야구 보는 것을 즐기곤 하였는데, 친구들이 나의 야구에 대한 깊은 지식을 알고는 깜짝 놀랄 정도였습니다.

프로야구 경기를 보면서 제 나름대로의 판단과 실전에 임하는 감독과의 전략을 비교하는 것이 취미였습니다. 가끔 어떤 경기는 내가 생각했던 작전이 더 정확하게 맞아 떨어질 때가 있었습니다. 선발투수, 대타기용, 수비위치, 투수교체 시점, 다양한 상황 하에서 어떤 작전을 사용할 것이냐, 심지어 투수와 타자의 상대적

경쟁력, 그날의 컨디션까지도 판단하면서 야구를 보는 편이었습니다.

경기장에 일찍 입장해서 선수들의 연습 배팅을 보고 컨디션까지 판단해 보던 일들이 세상을 살아가는 데에도 많은 도움이 된다는 것을 느낍니다. 어느 한 분야에 깊은 애정을 가지게 되면, 전문성도 따라옵니다. 세상의 모든 이치나 본질은 결국 한곳으로 통하는 부분이 있다는 것입니다.

연탄재 함부로 차지 마라
너는 누구에게 한번이라도 뜨거운 사람이었느냐!

위에 적어놓은 이 글은 대중에게 많이 알려진 안도현 시인의 〈너에게 묻는다〉에 나오는 구절입니다. 저는 개인적으로 이 글을 무척 좋아합니다. 무슨 일이 잘 풀리지 않을 때, 문제를 밖에서 찾으려는 내 부끄러운 모습이 느껴질 때마다, 이 구절을 생각해 봅니다.

과연 나는 무엇에 얼마나 뜨거운 사람이었던가? 얼마나 많은 열정으로 노력을 했는가? 이런 생각을 하면서 자신을 추스릅니다.

우수인재를 채용하는 부분을 담당하는 임원으로서 어떤 인재를 선발해야 하는 것에 대해서 혼자 고민될 때마다 이것은 해보아야겠다는 것이 있습니다. 어떤 분야이든 얼마나 그 일이 좋아서 뜨겁게 사랑을 해본 적이 있는지를 보고 싶다는 것입니다.

요즘 우리가 채용하는 방식을 심하게 표현하면 '너저분한 스펙을 주워 모아서 점수 쌓기에 열중해 온 그저 그런 인재를 선발하는 방식은 아닌가?' 하는 질문을 던져 봅니다. 저는 수능 점수 몇 개, 어학연수 몇 달, 봉사활동 며칠, 해외여행 몇 회보다 더 중요한 것은 그것을 수행하는 과정 속에 얼마나 깊은 고민이 있었으며, 그로 인하여 얻는 것이 무엇인가? 그 과정 속에서 얻어낸 가치나 철학, 삶의 방식 그리고 어떤 분야에 대한 깊은 통찰력 등이 몇 배는 중요하다고 생각합니다.

내가 얼마나 사랑하고 원했는가? 내가 맡은 일을 얼마나 즐기면서, 얼마나 깊게 고민을 하느냐? 이런 것들이 발휘되는 데는 사랑, 헌신, 열정 없이는 한계가 있기 마련입니다.

당신이 그 무엇에 얼마나 뜨거웠었는지를 돌아보는 하루가 되시기 바랍니다.

2012-08-09

초심을 지키는
방법

오토웨이(현대자동차 업무 포털사이트)에 로그인하니 팝업 창에 30년 간 6,200대의 자동차를 판매한 판매 거장의 스토리가 시선을 끌었습니다. 매일 아침마다 출근하면 지난 밤 회사에 관한 기사를 검색하고 이메일을 체크하였는데, 오늘은 카마스터(현대자동차의 영업사원 호칭)의 성실한 이야기가 제 마음을 사로잡은 것입니다.

어떤 분야에 큰 성과를 이룬 사람들에게는 뭔가 특별한 점이 있는데, 이 사람은 그렇게 특별하다는 것을 느끼지 않았습니다. 그럼에도 제가 공감하며 놀랐던 것은 거짓말처럼 저와 똑같은 생각을 하고 회사 생활을 시작하였던 것입니다. 그 인터뷰 기사를 발췌해 보면 다음과 같습니다.

"첫째는 '직업을 절대 바꾸지 않겠다'는 것과 둘째, '회사도 바꾸지 않겠다'는 것이었죠. '현대자동차'에서 시작을 했으니 '현대자동차'에서 끝을 내겠다고 생각하고 힘들고 어려워도 악착같이 버티기로 마음먹었습니다. 그러고 나니 웬만한 힘든 일이나 어려움에는 눈도 꿈쩍하지 않게 되더군요."

이 외에도 자신을 채용해 준 회사에 대한 감사 및 첫 출근에 느낀 벅찬 감동, 매사에 긍정적인 시각, 이런 것들은 웬만한 일반인들에게도 있을 법해서 특별할 것 없지만, 여기에 하나 더 붙인다면 30년 동안의 변함없는 '꾸준함'이 모든 것들은 특별하게 만들었을 것 같습니다.

이런 꾸준함을 성실함이라고 이야기하고 싶습니다. 성실이라는 것이 하나로 정의하기에는 힘이 들지만 웬만큼 성실하지 않고서는 자신의 첫 번째 생각을 마지막까지 지켜가기가 쉽지 않기 때문입니다.

대개의 사람들이 남의 화려한 모습 또는 결과에 집중하지만 그 이면을 생각해 보아야 합니다. 결코 이 세상에서 거저 주어지는 것은 없다고 생각합니다. 만일 쉽게 얻었다면 그것은 가치 없는 일이 되거나 금세 내어놓아야 할 일이 되어서 마음이 늘 편치 않을 것입니다.

저에게도 포기하고 싶을 만큼 힘든 위기가 여러 번 있었습니다. 그때마다 내가 처음에 가졌던 마음을 다시 새겨보곤 했었습니다. 그렇게 그 순간들을 극복하다 보니 어느새 24년이란 세월이 지났습니다.

책상에 자신이 하고 싶은 좋은 생각이나 결심을 적어 보시기 바랍니다. 그것이 부끄러우면 자주 들추어보는 노트 앞면이나, 비망록 같은 데에 써 놓으면 좋습니다. 최소한 하루에 한번 이상 읽어보게 되면 나태해지고 약해지기 쉬운 자신에게 새로운 힘을 불어넣어 줄 것입니다. 날씨가 쌀쌀해진다고 합니다. 건강 유의하시고, 즐거운 주말 되시기 바랍니다.

2013-11-08

고수
감별하기

어떤 사람은 한번만 만나도 그 사람이 쓰는 말투나, 관심사, 언어의 선택, 외모 등을 보면 대략 어떤 부류의 사람일 것이라는 판단이 들 때가 있습니다. 물론 외모는 보기와 다른 경우도 꽤 있지만, 그 사람이 의도적으로 가식을 쓰지 않는 이상 어렵지 않게 판단됩니다.

권투선수는 1라운드가 시작하기 전에 링 위에 서서 상대와 눈빛만 교환해도 실력이 판단되고 그때 분위기에 따라서 승부가 이미 판가름된다는 이야기를 들은 적이 있습니다. 이것은 아마도 같은 일을 하고 있는 사람끼리는 한눈에 누가 고수인지를 알아본다는 것입니다.

오래된 기억인데, 한때 방송에서 잘나가는 철학 교수가 김수환 추기경과 대담 프로에서 이야기하는 것을 보게 되었습니다. 평소에 그렇게 말을 잘하고 해박해 보였던 교수님이 김수환 추기경과의 대담에서는 두드러지게 실력의 차이가 나는 것을 보고는 적지 않은 충격을 받았었습니다.

어떤 한 분야에서 높은 경지에 오른 고수들은 무엇으로 그렇게 되었을까요?

요즘 우리는 상시채용시스템을 가동하면서 우리 회사에 입사를 희망하는 사람들 중에 특정 분야에 실력자들을 불러 모아 선발할 계획이 있는 것으로 알고 있습니다. 문제는 그런 고수들을 무엇으로 판단할지가 조금 궁금합니다. '진정한 고수를 어떻게 판단할 것인가?', '재주만 많은 고수들의 겉치장에 현혹되지는 않을까?' 하는 우려를 조금은 하고 있습니다.

진정한 고수는 자신을 스스로 나타내지 않아도 그 사람의 눈빛에서, 몸짓에서 풍기는 후광에서 또는 구사하는 언어 몇 개의 단어에서 생각의 깊이나 경험이 만만치 않다는 것이 보여집니다. 그럼에도 자신보다 훌륭한 고수가 있다는 것을 인정할 줄도 아는 사람입니다. 그래서 진정한 고수를 만나기는 쉽지는 않을 듯합니다.

고수는 자신의 분야에 수많은 수련의 시간을 보내야 했고, 수많은 시련과 역경을 넘어본 사람이어야 합니다. 단순하게 지식 몇 가지 더 아는 것으로 평가하기에는 부족함이 있습니다. 그래서 신입사원을 뽑을 때에는 기본적인 자질을 중심으로 판단할 수 있는 툴을 개발하는 일에 치중하는 것이 좋을 듯합니다. 물론 특정 분야에 출중한 커리어를 가지고 있는 것이 분명히 그를 판단하는 데에 중요한 요소로 작용할 수도 있지만 그 사람이 가지고 있는 가치관 내지는 인성의 됨됨이가 적합한지를 냉철하게 객관적으로 판단해야 할 것입니다.

어떤 일간지 기자가 마하트마 간디에게 다음과 같은 질문을 하였답니다.

"어떻게 하면 선생님처럼 자신의 삶을 철저하게 타인을 위해서 희생하실 수가 있습니까?"

그런데 간디의 대답은 기대했던 것과는 달랐다고 합니다.

"저는 철저하게 내 자신을 위해서 살았습니다. 그 일이 좋았을 뿐입니다."

어떤 사람이 가지고 있는 가치 철학에 따라서 이렇게 관점이 다르다는 것을 알게 됩니다. 간디는 그래서 정말 진정한 고수였던 것 같습니다. 여러분도 진정한 고수가 되길 바라십니까?

2014-04-08

용기
내보세요

용기는 두려움을 못 느끼는 것이 아니다. 용기는 두려움을 느끼지만 꼭 해야 하는 것을 끝까지 하는 것이다. 내가 지금 하는 일이 올바르고 가치가 있다고 확신할 때에 용기는 힘을 낸다.

이 글은 얼마 전에 직원 한 분이 아침편지에 고마움을 표시하면서 건네 준 책에서 옮긴 것입니다. 〈행복한 아침〉이라는 캘린더 형식의 책에 수록된 글인데 오늘인 6월 19일자 내용입니다.

인용 글에서 말한 것처럼 우리가 해야 할 일을 하지 못하는 것은 용기가 부족해서이기도 하지만 일에 대한 확신이 없어서 그런 경우가 많았던 것 같습니다. 저는 오랫동안 인사 업무를 해오면서 그때 반드시 해야 했던 일들과 그래서는 안되었던 일들이 기억에 깊게 남아 있습니다. 하지 않았어야 하는 일에는 권한이 없어서 막아내기에는 어려웠고 때로는 추진할 동력을 얻지 못했던 것 같습니다.

소신이 강한 편이라서 상사에게 반복해서 충언을 드리다가 눈 밖에 나서 힘들었던 적도 있었습니다. 가끔은 쓸데 없는 말한다고 비난을 받기도 했습니다. 돌아보면 그때에 내 말을 들었더라면 수천억 원 아니 장기적으로 보면 그 이상의 금전적인 손실을 막을 수 있는 결정들이었습니다.

지금도 우리가 결정하는 수많은 일들 중에는 미래에 잘 되어서 손실을 많이 줄이는 것들이 있습니다. 이와 반대로 좋은 생각을 추진하지 못해서 도움이 되지 못하는 일도 있을 것입니다. 세상에는 완벽한 일도 완벽한 사람도 없습니다.

언제든지 문제라고 여겨지거나 좋은 생각이 있으면 제안하시기 바랍니다. 저는 비록 성과가 크지 않더라도 여러분들의 개선하고 변화하려는 태도를 높게 평가합니다. 누가 알아주지 않는다 해도 스스로의 양심에 비추어서 미래에 후회가 되지 않으려면 용기가 있어야 합니다.

오늘이 지나가면 다시는 하지 못할 일들이 지나갈 수 있습니다. 오늘 하루 의미가 있으려면 지금 하고 있는 일에 대해서 좀 더 용기를 가지고 깊은 생각을 해보시기 바랍니다. 분명히 좋은 결과로 이어질 것입니다. 저의 존재는 그런 일을 도와주라고 회사에서 책임을 부여받은 것입니다.

지난 시절에 제가 아쉬워 했던 부분들을 여러분이 답습하지 않게 할 의무가 제게 있습니다. 당신이 옳다고 생각하면 용기를 가지고 이야기해 주세요. 당신의 생각이 옳을 겁니다. 용기를 가지고 옳음을 행하는 하루 되시기 바랍니다.

2014-06-19

세상을 바꾸는
노트

사업부 송년회를 마치고 작은 감사노트를 모든 분에게 선물로 드렸습니다. 또한 매년 1월에는 제가 직접 고른 노트를 승진하신 분들께 선물하였습니다. 물론 선물하는 이유에 대해서 설명도 잊지 않았습니다.

최소한 지금까지 현재 사업부 내에서 제가 선물한 노트가 적어도 150권은 넘을 것입니다. 이런 행위를 하는 이유는 제 나름대로 메모의 중요성을 후배들에게 남겨주고 싶어서입니다. 그리고 조금이라도 공감하고 실천에 옮기는 사람들이 한 명이라도 있다면 의미 있는 일이라고 생각하기 때문입니다.

아마도 저와 함께 근무하는 사람들이 각기 다르게 저에 대한 생각을 가지겠지만 오랜 기간 함께 근무한 사람일수록 '매우 철저하다, 마음 먹으면 곧바로 실천에 옮긴다. 중심이 흔들리지 않는다. 편한 사람 같지만 만만치 않다'라는 생각들을 하실 겁니다. 이것은 오래 같이 근무한 후배들에게 자주 듣는 이야깁니다. 행동은 급하지만 최대한 지켜보면서 기다리는 편입니다. 그래서 잘 모르는 사람들은 대충 넘어간다고 착각하기도 합니다.

아침편지를 만 12년 동안 쓰고 있는 것은 이젠 습관이 되었습니다. 그런데 처음에 시작할 때에는 정말 쉽지 않았지만 지금은 편한 일상이 되었습니다. 지난 2년 동안 "보고서 간단히 써라. 자신이 한 일에 대해서 과장해서 표현하지 말아라, 일을 위한 일을 하지 마라(쓸데없는 일을 최소화해라), 항상 깊게 생각하고 일을 쉽게 해결할 방법(개선할 점)을 찾아내라" 이런 이야기를 수도 없이 했는데, 아직도 여러분들의 일하는 방식이 쉽게 바뀌지 않는 것을 보면 변화라는 것이 쉽지 않다는 생각을 하게 됩니다.

이번 송년행사에는 '감사하며 행복한 삶'을 권유하는 차원에서 연말에 노트를 선물했다면, 매년 승진자에게 드리는 노트는 자신을 돌아보고 깊은 생각이나 중요한 일들을 메모하라는 의미에서, 좀 더 철저한 자신을 만들고 성장하라는 의미입니다.

여러 사람들과 즐겁고 활기차게 살아가기 위해서 유머가 필요하지만, 반면에 자신만의 시간을 가질 때에는 철저히 자신을 돌아보며 마음속 깊이 모든 이웃을 향해서 감사하지 않으면 성공적이거나 행복하기가 쉽지 않으실 겁니다.

세상에 대하여 불만을 가지며 바꾸려고 하는 것처럼 어리석은 짓은 없습니다. 자신부터 바뀌어야 세상을 바꿀 수 있습니다. 세상을 아름답게 바꾸는 여러분이 되시기 바랍니다.

2014-12-17

남들이
싫어하는 일

신입사원 시절이었습니다. 오래 전의 일이라서 상사의 커피 심부름은 여직원들의 몫이던 시절인데, 마침 여직원들이 모두 자리를 비웠을 때에 상사분에게 손님이 찾아왔습니다. 그래서 당연히 제 몫이라고 생각하고 커피를 타서 상사의 방에 가져다 드렸습니다.

그 모습에, 함께 근무하던 다른 남자 동료들은 물론 상황을 모르는 상사분이 당황해 하였습니다. 그리고는 손님의 눈치를 보면서 "오늘은 장마담이 커피를 가져왔네!!" 하고 껄껄 웃으시며 어색한 분위기를 희석시키는 것이었습니다.

대리 시절 팀에는 막내 여직원이 한 명 있었는데 여직원이라는 이유로 허드렛일 하는 것은 싫어하는 눈치였습니다. 동료 남자 직원들 누구 하나 선뜻 허드렛일 하는 것에 나서지 않아서 팀 분위기가 좀 불편하기도 했습니다.

그래서 제가 대리 이하 회의를 열어서 허드렛일을 분류해서 각각 맡아서 하기로 했으며 다행히도 제비뽑기를 해서 제가 가장 싫어하는 일을 담당하게 되었습니다. 일이 이렇게 되자 제 후배 남성 직원들이 미안해 하는 눈치였습니다. 하지만 일년 동안 귀찮은 일을 묵묵히 수행하자 그 이후로는 스스로 알아서 팀 내 허드렛일은 각자 서로 나서서 처리하게 되었습니다.

돌아보면 지금은 그때보다 위계 질서도 약해졌고 후배를 못살게 구는 선배들도 줄어들었습니다. 하지만 이럴 때일수록 남이 싫어하는 일을 먼저 나서서 처리하는 사람들이 필요할 때입니다. 아마도 미래에 좋은 리더가 되려면 특히 사회 초년생일수록 한 번쯤 새겨보아야 할 이야기라고 생각합니다.

저의 일화를 들어서 이야기한 것이 조금은 부끄럽지만 제가 남들보다 빠르게 승진하고 큰 문제없이 좋은 관계를 지킬 수 있었던 것은 남들이 하기 싫어하는 일을 마다하지 않고 먼저 맡으려는 태도가 한몫을 했다고 생각합니다.

당장은 못마땅하고 때로는 화가 나고 불편하더라도 여럿이 모여서 일하는 곳에서는 누군가가 앞장서서 조직의 분위기를 잘 이끌어줄 필요가 있습니다. 이것은 조직의 상사나 리더만이 할 수 있는 일은 아니라고 생각합니다. 주니어 시절에 허드렛일을 많이 경험하니 팀장이 되어서 팀 분위기나 상황을 파악하는 데에도 큰 도움이 되었던 것은 말할 필요도 없습니다.

세상에 거저로 주어지는 것은 없습니다. 사회 초년생일수록 남들이 싫어하는 불편한 일을 배우기 좋을 때입니다. 조직 내에서 아무리 하찮고 귀찮은 일이라도 누군가가 해야 할 일이라면 주저하지 말고 먼저 나서기를 권합니다. 분명히 미래에 큰 도움으로 돌아올 것을 확신합니다. 자신을 낮추고 노력한 일들로 인해서 분명히 언젠가는 큰 오름으로 돌아오게 될 것입니다.

2014-11-18

여백은
새로운 창조 공간이다

4년 전 초겨울에 스탠포드대학에서 디자인경영스쿨 단기 연수를 받은 적이 있습니다. 연수를 마치고 함께한 멤버들과 한자리에 모여서 소회를 나누는 시간을 가졌습니다. 대부분 그 동안의 느낌을 이야기했는데 저는 뜬금없이 '여백'이라는 단어를 먼저 꺼냈습니다.

'업무에 치여 항상 바쁘더라도 우리는 여백을 지녀야 한다. 여백을 가지지 못하면 조금 안쓰럽다. 어떤 사람은 작은 여백에 무엇을 채우려고 갖은 애를 쓰기도 한다. 그런 사람은 앞서갈 수 없는 사람이라고 생각한다. 이번 짧은 연수 기간 동안에 바쁜 일상에 가득 채워졌던 내 자신의 여백을 만들어간다. 앞으로 이 여백에 무엇을 그려야 할지를 조금 알게 된 시간이었다.'

입사 이래 늘 바쁘게 달려오면서도 마음 속으로는 여유를 갖고 무언가 다른 여백을 가지려고 노력했었습니다. 행동은 바삐 하더라도 마음만은 최대한 느긋해지려고 노력했습니다

지금은 그런 상사들이 드문데 예전에는 퇴근 시간만 되면 붙잡아 놓고 일을 부여하는 분들도 꽤 많았습니다. 그 목적이 훈련 과

정처럼 자부심을 가진 관리자도 있었고 일하는 방식 자체가 그러한 분들도 꽤 있었습니다. 많은 시간을 투여해야만 일을 열심히 잘한다고 생각하던 시기였나 봅니다.

저는 지금까지 함께 일하는 직원들에게 "왜 일찍 퇴근 하느냐?" 또는 "열심히 일하라"는 말을 단 한번도 한 적이 없었습니다. 오히려 '업무량을 줄이라'는 표현은 한 적이 있습니다. 이 이야기는 '보여주기 위해서 불필요한 일을 하지 말라'는 뜻입니다. 반드시 해야 할 일, 그리고 빠르고 정확하게 풀어낼 수 있는 능력을 키우는 것이 중요하기 때문입니다.

한때는 절대시간을 많이 들여서 일을 하고, 보고서의 페이지가 많아야 일을 잘하는 것으로 보는 경향이 있었습니다. 그런데 이렇게 일을 배우면 상당히 비효율적이 될 수가 있습니다. 이런 방식의 일은 자칫 상사에게 잘 보이려는 노력으로 또는 '본질'보다는 '현상'에 매이는 일이 될 가능성도 내포합니다. 곧 회사의 '이익'보다는 자신의 '영달'을 위한 노력이 될 가능성이 있습니다. 이런 유형은 일의 양에 비해서 성과가 따르지 못합니다. 열심히 하는 것으로 착시만 일으키게 하는 것입니다.

아무리 바빠도 가끔은 하늘을 보고 다른 세상을 바라볼 필요가 있습니다. 내일에 좀 더 앞서가기 위해서 마음의 여백을 만들어 가는 과정이라고 생각하셔도 좋습니다. 여유 있는 하루 되시기 바랍니다.

2015-02-26

기본으로
돌아가라

어제는 국내영업본부 임원과 지점장 250명을 대상으로 특강을 하였습니다. 제 강의 후에 외부에서 초빙한 강사의 특강이 있었는데, 내용 중에는 평소에 제가 추구하는 리더십 철학과 흡사한 점이 있어서 흥미롭고 놀랍기도 했습니다. 마치 저와 그분 둘이서 사전에 교감을 가지고 강의를 준비한 것처럼 보일 정도였습니다.

덕으로 정치하는 것은 북극성이 제자리에 있고 많은 별들이 그 주변을 도는 것과 같다.

그분의 강의에 나온 이야기를 함께 공유합니다. 〈논어〉에 나오는 말이라고 하는데, 강사가 전달하려는 내용과는 관계없이 제 나름대로 이렇게 정리해 보았습니다.
'질서와 균형 그리고 기본을 갖춤으로써 구성원들을 한 방향으로 바라보게 하는 것'
북극성을 중심으로 뭇 별들이 자신의 자리를 지키는 현상을 보면서 직장 내에 적용하면 북극성은 회사의 비전 내지는 목적이며 작게 보면 목표 정도로 쉽게 접근하실 수 있을 것입니다.

10년 전에 그룹 내 광고회사를 설립하기 위해서 밤낮으로 여러 생각에 잠겨있을 때였습니다. 제조업에서 인사팀장을 하다가 전혀 다른 산업의 회사를 설립하는 일이었습니다. 제조업의 일하는 방식과는 전혀 다른 세계의 사람들과 한식구가 되어서 생각을 일치시키는 일은 정말 쉽지 않았습니다.

단기간에 회사의 기틀을 갖추고 나서 회사의 비전을 만들고 여러 광고 회사에서 모인 구성원들과 미래 방향을 공유하는 일에 많은 고민을 했었습니다. 다른 환경에서 성장한 사람들과 마음을 합하여 일하는 것이 매우 어렵다는 것을 깨달으며 조직문화의 중요성을 절실히 느꼈습니다. 그 당시를 스스로 냉정하게 평가하면 초기 조직문화 구축에 실패자였습니다. 하지만 마음속으론 실패가 아닌 배우는 과정이라고 여기며 스스로를 위로했던 기억이 있습니다.

내가 원하는 방향은 분명하였으나 당시의 직책으로는 그런 일을 감당하기에는 역부족이었습니다. 첫째는 광고인들의 속성을 이해하지 못했습니다. 둘째는 바라던 회사의 비전이 그들에게는 크게 의미 없는 것들이었습니다. 비전이나 조직문화의 설정에 구성원과의 합의가 부족했던 것입니다.

이미 10년이 지나버렸지만 너무나 소중한 경험이었습니다. 지금도 구성원의 마음을 하나로 모으고 공감하며 같은 방향을 바라보게 하는 것이 무엇보다 중요하다는 생각입니다. 수시로 바뀌는 경영환경에 끌려다니지 않고 꿋꿋하게 바라는 바를 이뤄가는 내부의 힘이 바로 조직문화의 우수성에 달려 있습니다. 회사의 문화 수준이 높으면 경영목표는 보다 쉽고 자연스럽게 달성된다는 생각에는 지금도 변함이 없습니다.

　자신이 가야 할 목적지를 바라보고 자신의 현재 좌표가 어느 지점에 있는지 살펴보시기 바랍니다. 당장의 현상에 매몰되어 허둥대지 말고 본래의 의미를 찾아야 합니다. 보다 나은 수준의 가치철학을 가져야 합니다. 어쩌면 이것은 조직에서 일하는 사람으로서의 기본입니다. 미래에 좋은 리더가 되려면 오늘부터 자신을 깊이 성찰하시길 바랍니다.

2015-04-22

반갑게 아침 인사를 건네는
당신에게

사무실에 제일 먼저 출근하다 보니 직원들이 제 방으로 찾아와서 인사를 하는 경우가 많습니다. 정확하게 표현하면 제가 항상 자리에 먼저 와서 앉아있으니 찾아오게 되어있으며, 또한 회사에서 부여한 직위도 영향을 미칠 것입니다. 그런데 그 시간은 간밤에 있었던 회사와 관련된 뉴스를 검색을 하거나 아침편지를 쓰는 데 몰두하는 시간이기도 합니다. 그래서 가끔은 얼굴을 맞이하고 인사를 받지 못하는 경우도 있습니다. 심지어 다른 일에 집중하다가 인사받지 못하는 경우도 있으며, 문득 얼굴이라도 마주하면서 인사를 받으려고 몸을 일으키면 이미 방문을 떠나 있는 경우도 있습니다. 아무리 일상적인 아침인사라고 하지만 제가 너무 성의 없이 인사를 받는 것처럼 보였다면 양해하여 주시기 바랍니다.

그런데 제 자신이 방에 앉아서 인사를 받을 만한 자격이 있느냐에 대한 생각을 가끔 해봅니다. 이것은 제가 사원 4년 차 시절에 처음 느꼈던 것인데 지금에도 변함없이 '선배나 선임자로서의 역할을 제대로 하고 있느냐'에 대한 의무감 내지는 자격을 이야기하는 것입니다. 더구나 임원이 되고 인사업무를 총괄 담당하다 보니 제가 모르는 많은 직원들이 저를 알아보고 곳곳에서 인사를 합니다. 최대한 인사를 제대로 받아주려고 노력은 하지만 아마도 놓칠 때도 많이 있을 겁니다

　제가 실무자였을 때에 임원 분들은 항상 무표정하거나 고뇌에 찬 얼굴을 하고 있었으며 부하직원들이 인사를 해도 무심코 지나치거나 알고 있어도 받지 않는 모습을 많이 보았습니다. 그래서 만약에 내가 저런 지위에 오른다면 최소한 저러지는 않겠다는 마음을 먹었습니다.

　서로 인사하는 데에 있어서는 직급의 높고 낮음의 문제는 아닙니다. 먼저 보는 사람이 반갑게 인사를 건네고 그걸 반갑게 맞아주는 것이 당연합니다. 일상인 것 같지만 인사는 사람의 태도나 마음이 표출되는 것이라고 생각합니다. 일부러 잘 보이려고 하는 행동이 아니라 기본적으로 서로 지켜주어야 할 행동입니다.

　제가 아침편지를 쓰는 데 집중해서 아침인사를 제대로 받아주지 못한 일이 분명히 있을 겁니다. 오늘 아침메일을 통해서 다시 양해를 부탁 드립니다. 그래도 제가 인식하는 한 인사를 최대한 밝은 모습으로 받아주려고 노력을 한다는 것을 기억해 주시기 바랍니다. 오늘도 서로 반가운 아침 인사를 나누며, 서로 격려하며 힘내는 하루 되시기 바랍니다.

2015-07-15

일을 즐기는 사람은
아름답다

천재는 노력하는 자를 이기지 못하고, 노력하는 자는 즐기는 자를 이길 수 없다.

지난 유럽출장 때에 베를린의 한식당에서 저녁식사를 하게 되었습니다. 그곳에서 뜻 밖의 멋진 젊은 여성을 만났습니다. 20대 초반 정도의 젊은 여성이 우리 테이블을 맡아서 도움을 주었는데, 물병을 가져다 줄 때부터 식사주문을 받는 짧은 시간에 제 눈에 들어오기 시작했습니다. 그리곤 이런 생각들을 하였습니다.

'참 밝고 명랑하다. 일에 열정이 묻어난다. 손님이 무엇을 원하는 줄 안다. 고객의 마음을 편하고 기쁘게 한다. 자기 일을 즐긴다. 이 음식점 주인의 딸인가 보다. 사장님은 딸을 참으로 잘 두었다.'

음식을 먹는 동안에도 그 젊은 여성의 모습을 꼼꼼히 지켜보게 되었는데, 처음 그 느낌에 변함이 없었습니다. 사람에 따라 다르겠지만 일행들도 이구동성으로 '참 저 친구 잘한다'라는 말들이 여기 저기서 들리기 시작했습니다.

알고 보니 그녀는 음식점 주인의 딸이 아니라 베를린대학 유학생이며 아르바이트생이었습니다. 이 말에 그녀에 대한 나의 관심이 증폭되었습니다. '어떻게 아르바이트생이 저렇게 일을 잘할 수 있지? 저런 친구는 무엇을 시켜도 잘할 것 같다'는 생각이 들었습니다.

그래서 함께 있던 과장에게 지시하기를 그녀의 학업은 언제 마치고, 기업에 취업할 생각은 있는지를 알아보라고 했습니다. 안타깝게도 당분간 귀국 계획도 없고 기업에서 일할 생각도 없었습니다. 인재채용 업무를 실무자 때에도 했었지만 이렇게 짧은 시간에 제 마음을 사로잡은 유학생은 아주 드뭅니다.

바쁜 일정 속에서 한동안 그녀를 잊고 있었는데, 베를린의 한 식당에서 식사를 했던 기억에서 앞으로도 그녀를 빼어놓을 수가 없을 것입니다. 타고난 성품과 재능도 있었겠지만 그것보다는 일의 '노예'가 아니라 '주인'이 되어 즐기는 모습이 역력했기 때문입니다.

제가 음식점 사장이라면 며느리를 삼아서라도 함께 하고 싶을 것 같습니다. 요즈음 '대한민국에 취업이 어렵다', '경제가 힘들다' 이런 소리들 많이 하는데, 어려운 상황은 인정하지만 열심히 노력하고 즐기는 사람이라면 무엇에서든지 문제될 것 같지는 않습니다. 어떠한 환경에서도 성공을 이뤄낼 에너지가 넘치기 때문입니다.

혹시나 남모를 슬럼프에 빠지거나, 매너리즘에 젖어있지는 않은지 자신을 돌아보시기 바랍니다. 빨리 빠져나오는 방법 중에 하나는 일의 노예가 아니라 진정한 주인이 되는 것입니다. 열정이 넘쳐서 즐거운 하루 되시길 바랍니다.

2015-07-29

메모의
중요성

주말에는 가끔 대형 서점에 들러서 책을 고르는 일과 문구점에서 노트 사는 일을 즐깁니다. 제가 노트를 사는 이유는 아이디어가 생각날 때에 메모를 하거나 좋은 글을 접했을 때에 기록하고는 틈틈이 다시 읽기 때문입니다. 최근 들어서 노트를 사는 이유가 하나 더 생겼는데, 마음에 드는 노트를 모았다가 사무실에 찾아오는 손님 또는 직원들에게 나누어주면 괜히 제 마음이 뿌듯해지기 때문입니다.

아침에 노트를 뒤적이다가 몇 해 전에 메모해 두었던 글을 읽고 마음에 쏙 들어와서 소개하려고 합니다. 아이디어에 관한 이야기입니다.

아이디어는 'know-how'가 아니라 'know-what'이다. 아이디어는 누구에게나 있는 거대한 무의식에서 그것을 활용하는 방법을 찾아내는 것이다. 아이디어를 전략의 틀 안에 넣어라. 아이디어에는 good과 bad를 구별할 수 없다. 어떤 아이디어가 힘을 발휘할 때는 그것의 필요와 상황에 맞추어져야 하기 때문이다. 여유와 기다림, 그리고 집중만이 아이디어를

만들어낸다.[8]

어디서 언제 메모를 해두었는지 기억나지는 않지만 노트의 앞 부분에 적혀있는 것을 보면 2-3년은 족히 되었을 것이며, 정형화된 장소에서 교육을 받으면서 들은 이야기는 아닌 것 같습니다. 오늘 노트에 있는 여러 글을 읽어 내려가다가 마음에 들어온 글을 전하게 된 것입니다.

우리 사업부는 3년 전부터 꾸준하게 업무개선 사례를 선정해서 격려해 주는 시스템을 가동하고 있습니다. 그저 유행처럼 지나가는 일회성 캠페인이 아니라는 것은 모두들 아실 것입니다. 이것은 업무를 수행하면서 항상 새겨두어야 할 것입니다. 그 동안 좋은 개선 사례에 따라서 격려 선물을 주면서 노트를 함께 나눠주곤 했습니다. 좋은 생각이 떠오르면 즉시 메모하라는 의미에서였습니다.

메모하는 습관을 가지면 아이디어를 활용하는 데에도 도움이 됩니다. 아이디어는 단순하게 그 자체만으로 효과를 볼 때도 있지만 여러 가지의 아이디어들을 모아서 생각하다 보면 보다 좋은 성과로 나타나기도 합니다. 상사의 업무 지시를 메모하거나 일정을 챙기는 메모도 필요하지만, 자신의 생각을 정리하거나, 사람들의 다른 이야기 또는 지혜 있는 분들의 생각들을 자신의 것으로 만드는 과정이 메모입니다.

저는 지금까지. 수시로 노트를 나눠드린 것 외에도 승진이나, 보고가 맘에 들었을 때에도 나눠드렸습니다. 그곳에 무엇을 담아내느냐에 따라서 누구에게는 보잘것없는 일이 될지도 모르지만,

---

[8]   비즈니스. 경제 · 경영 콘텐츠 '세리CEO' 온라인 특강(https://sericeo.org/)

어떤 사람에게는 인생의 터닝포인트를 만들어가는 중요한 노트가 될 수도 있습니다.

휴가 시즌도 이젠 끝나갑니다. 아무리 바빠도 한번씩 돌아보면서 마음의 여유를 갖고 보다 나은 생각, 보다 나은 미래를 열어가는 하루가 되시기 바랍니다.

2015-08-17

앞으로 하지 않아도 될
일

아침편지를 통해서 다음의 이야기는 지난 10년 동안 몇 차례 한 것 같습니다. 누가 저더러 일을 잘하는 방법을 간략히 말해 달라고 하면 이러합니다.

'첫째, 쓸데없는 일을 먼저 없애라. 그리고 둘째, 남들보다 일을 신속하고 정확하게 하는 방법을 찾아라. 마지막으로 셋째, 창의적인 개선을 하라'고 말해줍니다.

직장생활을 하면서 살펴보면 하지 않아도 될 일을 하는 경우가 너무 많습니다. 그저 관성으로 일을 하다 보니 일의 목적을 정확하게 읽어내지 못하고 타성에 젖어 기계적으로 일을 합니다. 이보다 더 큰 문제는 결과가 없고 일만 벌이는 경우도 있습니다. 이 경우는 언뜻 보기에는 열정적이고 무언가 새로운 도전을 하는 것 같아서 일을 열심히 하는 것처럼 보일 수 있는데 자칫 자신의 욕심을 채우기 위해서 일을 하는 경우입니다. 비용만 들고 조직에는 별로 도움이 되지 않으며 잘되면 본인의 공이 되고 안되어도 그만인 경우로 끝나는 경우가 많습니다.

한마디로 정리하면 모든 일의 기준은 절대적으로 회사를 생각해야지 자신의 목적이 되지는 않아야 한다는 것입니다. 그래서 일의 목적을 항상 살펴보고 지금 하고 있는 일을 줄여서 할 수 있는 방법은 없는지 고민해 보아야 합니다. 그래야 시간적 여유도 생기고 새로운 환경의 변화나 미래를 예측하면서 좀 더 창의적인 생각을 할 수 있습니다.

한국적 기업문화에서는 일단 일하는 속도가 빨라야 합니다. 그 와중에도 바른 결정을 하고 목적에 부합되도록 끊임없이 생각하며 점검해야 합니다. 그래야 인정을 받을 수 있습니다. 물론 일의 성격에 따라서 속도의 조절이 필요하겠지만 지금 말하는 것은 일반적인 이야깁니다. 일을 지시한 상사가 기다리다가 답답해서 자꾸 채근하게 만들거나 염려하게 하면 일 잘한다는 이야기를 듣기 어렵습니다.

가장 경쟁력 있으려면 무언가 기존의 방식보다는 혁신적인 좋은 방법을 꾸준히 생각해야 합니다. 본래의 목적을 훼손하지 않는 범위 내에서 다른 사람보다 좋은 방법을 찾아내야 하는 것입니다. 이것을 우리는 창의적이라고 하는 것 같습니다. 그런데, 이런 창의는 오랜 경험과 지식 그리고 실패의 경험이 있는 사람들이 잘 할 수 있습니다. 아이디어는 누구나 낼 수 있지만 그것을 실제에 적용해서 좋은 결과를 내는 것은 어느 정도 커리어가 있는 사람들이나 가능한 일입니다. 그래서 일의 경험이 적은 사람들은 창의적인 일에 대하여 힘들어할 필요가 없습니다. 열심히 노력하다 보면 누구보다도 창의적인 사람으로 성장하는 때가 찾아옵니다. 문제는 현재의 일하는 기본 방식이 잘 되어있어야 한다는 것입니다.

처음부터 일을 잘하는 사람도 드물게 있기는 하지만 대부분 노력하면 나중에는 누구나 일을 잘한다는 평을 들을 수 있습니다.

어차피 우리 같은 대기업은 하루 아침에 승부를 내는 조직이 아니기 때문입니다. 문제는 지금 현재에 바른 생각을 가지고 최선을 다하는 태도를 지니고 있느냐가 무엇보다 중요합니다. 여러분들은 미래의 회사의 기둥들입니다.

2015-11-03

가면을
벗겨라

주요 대기업에서는 공개채용의 마지막 관문으로 임원 면접을 이 맘때에 주로 실시합니다. 요즘처럼 취업이 힘든 시기에 최종면접인 임원면접을 받을 정도라면 자질이나 인성 면에서 자격을 갖춘 사람들일 것입니다. 그럼에도 불구하고 임원면접에서 50% 정도만을 선발하는 것은 어떤 의미가 있을까 고민도 됩니다.

저는 임원 면접을 우리회사와 맞는 사람들을 최종적으로 점검해 보는 자리라고 생각합니다. 면접관으로서 임원들은 그들이 오랜 기간 회사에 근무를 하면서 자신도 모르게 받아들인 기업문화의 본질을 잘 알고 있습니다. 임원을 면접관으로 활용하는 이유는 조직의 리더로 여러 사람들과 함께 일을 하면서 개발된 경험과 통찰력을 바탕으로 선별해 달라는 의미일 것입니다.

취업이 어려워지니 예전에 없던 특정 기업에 대한 취업스터디, 취업컨설팅 또는 영어스피치 학원 등이 많아진다고 합니다. 이곳에서는 단기적으로 틀에 맞는 방법을 가르쳐주어 자신의 문제점을 숨기고 면접관들이 그들의 진짜 모습을 보지 못하게 하는 것으로 보아도 크게 다르지는 않을 것입니다.

오랫동안 신입사원 선발 면접을 보아온 저로서는 최근 몇 년 사이에 느끼는 것은 지원자들이 도무지 구분하기 어려울 정도로 비슷한 대답을 하고 비슷한 표정을 지으며 거의 통일된 복장을 하고 있다는 사실입니다. 아마도 이런 현상은 앞서 말한 취업을 위한 준비에서 거의 비슷하게 훈련되어서 오기 때문입니다.

그래서 저는 이미 많이 노출된 질문은 절대 하지 않습니다. 그저 편안하게 대화하듯이 이야기를 나누며, 갑작스럽게 예기치 않은 질문을 해서 그 사람의 준비된 대답이 아닌 생각을 알아보려고 노력합니다. 그래도 훈련이 잘된 사람들은 용케 피해 나가기도 합니다. 그래서 최근의 채용 방식은 끊임없이 변화를 주어야 하는 것이 맞을지도 모릅니다.

영국의 배우 채플린은 지방의 거리를 지나다가 우연히 채플린 흉내내기 대회가 열리는 곳을 알게 되었고, 재미 삼아서 자신을 숨기고 그 대회에 참가하였다고 합니다. 그런데 결과는 놀랍게도 3등을 했다고 합니다.

이 일화를 보면서 느끼는 것은 잘 치장된 그들의 가면에 현혹되어 우리가 찾는 인재가 채용되지 않을 수도 있다는 것입니다. 인성이란 것은 하루 아침에 이뤄지는 것이 아닙니다. 타고나는 것에서 더욱 나아지려면 지속된 노력과 세월이 필요한 것입니다. 단기간에 잘 보이기 위해서는 포장하는 훈련이나 거짓으로 대응할 수밖에 없는 것입니다. 제가 채용 채널 다양화 및 장기적으로 관찰하는 프로그램을 주장하는 이유이기도 합니다. 아무리 탁월한 면접관도 진짜를 구별해내는 통찰력을 발휘하는 데에는 한계가 있습니다. 오죽하면 자신을 흉내내는 대회에서 채플린도 3등을 했겠습니까? 그래서 제가 한 때는 채용 캐치프레이즈로 '가면을 벗겨라'

는 이야기도 했었습니다.

    지금은 취업 시즌이라서 면접을 가지고 이야기했지만, 인생
에서 모든 것이 그러합니다. 진짜와 가짜를 구별하는 통찰력만 있
어도 성공적인 삶이 될 것입니다. 이런 통찰력은 끊임없는 자기 성
찰과 타인에 대한 관찰을 통해서 개발될 수 있습니다. 지혜로운 하
루 되시기 바랍니다.

2015-11-17

긍정적인 사람이
되어주세요

내일은 무슨 일이 일어날까? 생각만 해도 가슴이 설레는 사람은 행복한 사람입니다. 분명히 이런 사람은 매사가 긍정적이며 희망을 품고 사는 사람입니다. 마음이 풍요로워서 타인을 포용할 줄 알며 배려하는 데 익숙하고 부족한 점까지도 사랑할 줄 아는 사람입니다.

이와 반대인 사람도 있습니다. 항상 무엇에 쫓기며 오지도 않은 내일을 생각하면 걱정부터 앞섭니다. 그렇다고 오늘 최선을 다하지도 않습니다. 이런 사람은 자신에게는 관대하며, 타인에게 항상 각박합니다. 또한 자신에게도 관대한 것 같지만 스스로 합리화하는 것일 뿐입니다. 게다가 부정적인 관점이 항상 그의 눈을 가려서 실체를 보지도 못하며 주변 사람까지도 힘들게 합니다.

사람은 매우 다양하지만 긍정적인 사람과 부정적인 사람으로 크게 나눠볼 수 있습니다. 두말할 필요도 없이 긍정적인 사람으로 살아가야 합니다. 그래야 행복한 인생도 되고 좋은 사람으로 살아갑니다. 때로는 당장 성과가 나지도 않아서 최선을 다하지 않는 것처럼 보이고 노력이 부족한 것 같아 보이기도 하는데, (제가 보기엔 각박하고 쥐어짜야 최선을 다하는 것으로 보는 정서가 우리의 기업문화에 꽤나 자리잡았기 때문입니다.) 그러나 시간이 지나보면 긍정적인 사람들은 다른 사람의 마음을 움직여서 큰 일도 하고 세상을 이롭게 합니다.

때로는 당황스런 일이 일어나기도 하는데, 부정적인 시각을 많이 가진 사람이 긍정적인 사람을 탓하는 경우가 있습니다. 습관적으로 남의 단점을 예리하게 끄집어내어서 표현을 해야 직성이 풀리는 부류의 사람들인데, 순간 그의 분석적이고 예리함이 남다른 재능처럼 보이기도 하는데, 큰 틀에서 보면 그저 그런 사람입니다. 이런 사람을 상사나 친구로 만나게 되면 불행에 다가서기 시작합니다.

긍정적인 사람은 자신의 부족함을 쉽게 인정할 줄 압니다. 그래서 항상 겸손하게 남의 이야기에 귀를 기울이며 자신의 생각을 새롭게 넓혀갑니다. 그러면서도 마음에는 늘 자존감과 자신감이 자리하고 있습니다. 부정적인 사람은 남의 이야기에 귀를 기울이기보다는 상대의 부족한 점부터 파악하려 듭니다. 그리고 자신이 조금 더 낫다라고 착각하여서, 남을 인정하는 데 인색하며 자신이 알고 있다는 것을 나타내려고 합니다. 그런데 마음속에는 자신감이 있는 것도 아닙니다. 보통 이런 사람은 심리적으로는 안정감이 떨어지고 불필요한 시기나 질투가 많습니다.

자신을 사랑하고 존중할 줄 알아야 마음이 넓어지고 타인을 포용할 줄 압니다. 그래야 세상을 따뜻한 시선으로 바라볼 수 있으며, 현상에 휘둘려서 끌려다니지 않고 본질에 충실하며 무리한 욕심을 내지도 않게 됩니다. 하는 일이 잘 풀리지 않을 때에도 조급해하지 않으며, 참고 기다리는 여유가 있습니다. 이런 사람은 좋은 친구가 보이지 않게 뒤에서 도와주려고 합니다. 이와 반대인 개인적인 욕심이 많고 타인을 인정하지 않는 사람이 리더가 되면, 그의 주변에는 그를 이용하여 무언가 얻으려는 친구들만 모여듭니다. 그들끼리 이해타산을 계산하면서 힘들게 살아갑니다.

인사 업무를 오랫동안 해오면서 사람에 대한 관찰을 습관적으로 합니다. 오늘 아침편지에는 많은 사람들의 직장 생활을 보면서 긍정적인 사람과 부정적인 사람으로 나눠서 생각나는 대로 이야기를 적었습니다.

미래에 행복한 인생을 꿈꾸십니까? 진정으로 좋은 리더가 되고 싶습니까? 무엇이 당신을 긍정적인 사람으로 만들게 할 것인지 하루에도 수도 없이 자신을 성찰하시기 바랍니다. 어느 날 문득 다른 사람이 당신을 긍정적인 사람이라고 먼저 이야기 할 것입니다. 당신은 이미 아름다운 사람입니다.

2017-09-05

함부로
바쁘지 마라

첫 직장에 입사해서 5-6년 정도를 근무할 때까지는 일을 배우느라 많은 시간을 남모르게 투자했습니다. 어차피 해야 할 일들인데 최소한 상사에게 꾸지람을 들으면서 일하고 싶지는 않았기 때문입니다. 퇴근하여 친구를 만나거나 여가를 즐기는 일보다는 시간을 쪼개서 선배들이 해왔던 일들의 자료를 밤늦게까지 읽고 분석하여 일의 목적이나 본질을 보려고 노력했고 더 나은 방법은 없는지를 늘 생각하면서 일을 했습니다.

덕분에 짧은 시간에 업무를 파악하고 기존의 방법에서 새롭게 시도해 보는 일을 즐기게 되었습니다. 물론 이럴 때에는 상사와의 사전 커뮤니케이션이 상당히 중요했습니다. 일부의 상사들은 기존의 방법에서 변경하는 것에 부담을 느끼는 경우가 많았기 때문입니다. 어쨌든 이런 일들의 연속은 상사로부터 좋은 평가를 받게 되고 일에 대한 소신과 자신감을 동시에 가져다주어 일에 흥미를 느끼게 되었습니다.

이때에 가장 중요했던 태도는 '겸손'이었습니다. 나는 아무것도 모른다는 것을 전제로 들여다보았기 때문에 남들이 보지 못하는 것들을 보게 되었다는 것입니다. 이미 알고 있다고 쉽게 생각하면 기존의 방식에서 벗어나기 어렵습니다. 더구나 조금 경험이 쌓인 상태에서는 더더욱 그러합니다. 우리는 이런 것을 매너리즘이라고 합니다

경영에 있어서 변하지 않는 원칙들은 분명히 있어야 하지만 일에 접근하는 방식이나 문제 해결의 방법은 늘 새로운 도전이 필요하며 이것은 생각에만 그치지 말고 철저한 계획하에 즉시 실행에 옮겨야 하는 것입니다. 그래야만 발전이 있고 경쟁에서 이길 수 있는 토대를 마련하게 되는 것입니다.

몸은 바쁘게 움직여도 머리 속은 늘 냉정을 유지하며 여유를 가져야 합니다. 이와 반대로 하는 사람들은 아무것도 이루지 못할 것입니다. 평소에 생각은 깊고 넓게 하는 습관을 갖더라도 판단이 서면 즉시 행동으로 옮겨서 도전을 하는 것입니다. 이런 일에 훈련이 잘 되어있지 않으면 불필요한 일에 매달려서 시간을 허비하고 비용만 발생시키며 결과는 처참하기 마련입니다.

임원이 되고 나서 보다 큰 조직과 보다 많은 임무를 부여받은 뒤로는 가급적이면 루틴한 일을 줄일 수 있도록 조직을 리빌딩(re-building)했습니다. 당시에 함께 일하는 직원들에게 강조하는 사항 중에 하나가 '함부로 바쁘지 말라'가 저의 모토였습니다. 능력이 부족한 사람들은 불필요한 생각과 불필요한 행동을 많이 합니다. 그래서 스마트하게 일하도록 늘 교육하고 그 방향으로 지시했으며 그것을 따르지 못하는 사람들은 중요한 일에서 배제시키는 강수도 두었습니다.

일을 좀 할 줄 아는 사람은 어떻게 일을 해야 실질적으로 회사에 보탬이 되는지를 생각하며 일을 대합니다. 아무 생각 없이 자신

의 생각에만 빠져서 일하게 되면 조직 전체가 삐걱거리는 것을 자주 보았기 때문에 팀 단위 조직의 리더들이 서로 소통하고 좋은 관계를 유지하도록 많은 신경을 썼던 것 같습니다. 이런 일들이 잘못되면 똑똑한 직원들은 조직 내에서 비전을 보지 못하고 burn-out 되어 떠나가게 되며 그런 수준에 맞는 그저 그런 직원들만 하던 대로 비효율적인 방식을 고집하며 일을 하게 됩니다.

완벽한 사람은 없지만 완벽에 가까운 조직은 만들 수 있습니다. 여러 사람들의 장점이 발휘되게 만들 수 있다면 가능합니다. 오랫동안 기업에서 리더의 생활을 하면서 저의 고민은 늘 이런 것들이었습니다. 오늘이 만족스럽지는 못해도 회사와 직원 그리고 일에 대한 보다 나은 환경을 만들어주는 것이 리더의 역할이기 때문입니다.

신입사원 때나 고위 임원이 되어있을 때나 변하지 않는 마음가짐이 있습니다. 감당하기 힘들며 고민스럽고 어려운 환경에 처하더라도 모든 일을 대할 때에 회사의 발전을 기준으로 바라보려고 매 순간마다 노력했다는 것입니다. 어쩌면 이것은 마음 속에서 항상 당당함이나 자신감을 지켜주는 가장 기본적인 태도였습니다.

당당함을 잃지 않는 멋진 하루 보내시기 바랍니다.

2021-08-20

이미 벌어진
일

지난 일요일 저녁 6시에 베이징에서 만찬이 예정되어 있어서 충분한 시간을 가지고 인천 공항에서 비행기에 탑승하였습니다. 그런데 출발 시간이 30분이 지났는데도 비행기가 꿈적도 하지 않더니 기내 방송이 흘러나왔습니다. 중국의 전승기념일과 관련하여 베이징 공항이 비행기 착륙을 통제하고 있어서 3시간 후에나 이륙하게 될 거라는 내용이었습니다.

많은 사람들이 웅성거리기 시작했습니다. 대부분의 사람들이 약속된 일정이 있는 것 같았습니다. 저 또한 머릿속으로 여러 가지 대안들을 생각했으나 뾰족한 방법이 없다는 것을 금세 판단할 수 있었습니다. 우선 베이징에 먼저 가서 행사 준비하는 직원에게 이 사실을 알리고는 마음을 가다듬었습니다. 포기할 것은 빨리 포기하고 다른 일에 집중하는 것이 좋다는 것을 이미 경험을 통해서 잘 알기 때문입니다.

마음 편하게 영화 한 편을 보고 나니 예정보다 40분 정도 일찍 출발하게 되었고, 베이징 공항이 착륙허가를 통제하는 바람에 출입국심사를 평소보다는 20-30분 정도 줄일 수 있었으며, 또한 북경 시내에 진입하는 교통량도 부쩍 줄어서 좀 늦기는 했지만 다행히도 만찬이 끝나기 전에 도착하여 양해를 구하고 인사를 나눌 수 있었습니다. 행정부의 권한이 너무나 강력한 중국이라는 나라의 특수성을 감안해서인지 늦게 도착한 저를 많이 이해하여 주셨으며, 저 또한 본래의 목적을 크게 훼손하지는 않은 것 같아서 한숨 돌렸습니다.

이번 해프닝을 겪으면서 느낀 점이 있습니다.

자신이 통제할 수 없는 환경이나 영역에서는 있는 그대로를 받아들이고 그 안에서 최선을 다해야 한다는 것입니다. 오늘 여러분의 하루에도 통제할 수 없는 일이 있으셨나요? 상황을 받아들이고 그 안에서 최선을 찾아냈는지 자신을 돌아보는 시간을 갖는 하루 되시기 바랍니다.

2015-09-03

마지막
편지

좋은 아침입니다.

이렇게 아침 공기가 서늘해지면 이문세의 〈가을이 오면〉 그리고 고은희·이정란의 〈사랑해요〉라는 두 가지 대중가요가 떠오릅니다. 아무래도 나의 젊은 날의 기억들이 그 선율과 함께 추억으로 남아 있기 때문일 것입니다. 가을이 깊어가는 계절에는 또한 붉은 빛을 머금은 단풍잎과 첼로의 깊은 저음 그리고 진한 커피향도 떠오릅니다.

단풍이 짙게 물든 후에 낙엽이 되어 떨어지면 오헨리의 〈마지막 잎새〉라는 단편 소설이 생각납니다. 가을은 이런저런 생각에 빠져들면서 시작하여 초겨울 찬바람에 옷깃을 세우면서 마치는 것 같습니다.

오늘은 문득 '마지막 편지'라는 단어가 생각이 났습니다. 제가 2003년도 2월 인사지원팀장을 처음 맡게 되었을 때부터 팀원들에게 그날의 내 생각을 전달하며 인사하는 정도의 개념으로 아침 편지를 편하게 쓰기 시작하였는데 언젠가는 마지막 편지를 쓰게 될 것이며 그때에는 어떤 마음을 전하게 될 것인가? 하는 생각을 해봅니다.

'최소한 3천 통이 넘었을 아침편지들의 다양한 내용을 정리하는 마지막 글은 무엇이 될까?'

그때 가서 생각하며 정리하겠지만 분명한 것은 그날이 다가오고 있다는 것입니다. 〈아침편지〉를 시작할 때에는 지금까지 쓸 거라고는 생각을 하지 않았었는데 하루 이틀 쌓이다 보니 이젠 400페이지 4권 정도의 책 분량은 족히 될 듯싶습니다.

어쩌면 〈아침편지〉는 제가 살아가는 모습의 특징이라는 생각도 듭니다. 스스로 원해서 하는 일에 대해서는 일관성과 지속성이 매우 강한 성향입니다. 한번 마음을 먹으면 평생이 모자를 정도로 신념이 확고하며, 옳다라고 생각하는 것에 쉽게 포기하지 않는 면이 있습니다. 이것은 사람 또는 사물을 판단하는 기준, 가치관 등에서 특히 강하게 나타납니다. 심지어는 좋아하는 음식에서도 나타나는데 어릴 적에 선호했던 입맛은 지금까지도 크게 바뀌지 않았습니다.

마지막 편지를 쓰는 날이 오면 제가 가졌던 가치에 대해서 간략하게 정리해 보고 싶습니다. 그리고 부끄럽지만 함께한 회사와 사람들에게 '진실하게 사랑했었다'라는 말을 당당하게 전하고 싶습니다. 또한 회사 문을 마지막으로 나서는 뒷모습이 퇴역 군인처럼 쓸쓸하지 않고 승리하여 돌아오는 개선 장군처럼 인생의 2막을 여는 모습을 보여 주고 싶습니다.

마지막 편지를 쓰게 되는 날에는 새로운 세계로 향하는 발길 따라서 마음 속에선 팡파르가 울려나올 것을 상상해 봅니다. 마지막은 새로운 시작입니다.

2013-10-22

뒤늦게 도착한 답장

현대모비스 인사팀장
채기만으로부터

리더십에 대해서는 '성격'과 같이 타고나는 것이어서 변화가 어려운 것인지, 아니면 '경험 지식'과 같이 학습과 개발을 통해 변화가 쉬운 것인지 저희 같이 인사를 하는 사람들조차 의견이 분분합니다. 어떤 주장이 맞는지는 모르겠지만, 저는 운이 좋게도 부사장님과 가까이서 일할 수 있는 기회를 가졌으므로 감히 이렇게 말할 수 있습니다.

'좋은 리더십을 기르는 가장 좋은 방법은 좋은 리더를 곁에 두는 것이다.'

리더십에도 '유아기'가 있습니다. 따라서 위의 두 주장에는 타협할 여지가 있습니다. 이미 리더가 된 지 오래 되어서 자기의 리더십 스타일이 굳어져버렸다면 리더십 개발을 통한 변화는 쉽지 않을 것 같습니다. 그러나 리더가 된 지 얼마 되지 않았거나, 앞으로 리더가 될 사람들은 마치 유아와 같습니다. 그동안 직접적으로 겪었던 리더와 책에서 본 리더, 스스로 상상한 리더가 함께 어우러져서 그 사람의 리더십상이 형성되고 그 사람의 잠재적 리더십 스타일로 나타나기 때문입니다. 저는 현재 유아기의 초보 리더입니다. 아직도 많은 부분에서 시행착오를 겪고 있고, 리더십 스타일도 조금씩 바뀔 것입니다.

그러나 제 리더십의 '근원'에는 '부사장님'과 그의 〈아침편지〉가 가장 큰 영향을 미쳤습니다. 제 리더십에서 가장 중요한 부분은 리더와 팔로어가 언제나 편하게 이야기 할 수 있는 환경을 만드는 것과 리더의 강요/통제/질책이 아닌 팔로어의 자발적/자율적인 동기에 의해 역할을 수행토록 하는 것입니다. 이 근본적인 생각은 앞으로 직장생활을 하는 한 바뀌지 않을 것입니다.

위 내용은 제가 리더가 된 이후에 고민하고 다짐했던 것들이 아닙니다. 리더가 되기 한참 전에 부사장님을 직접 뵙고 겪으며 그의 〈아침편지〉를 읽으면서 저의 리더십이 무의식적으로 만들어진 것입니다. 만약 그 시기에 부사장님이 아닌, 정반대 리더의 리더십을 만나서 다른 경험을 했다면 지금 제 리더십에는 다른 내용이 들어가 있을 것이고 그 상황을 상상하면 참으로 아찔합니다. 또 반대로 생각하면, 본인과 같은 리더십이 주변에 없으셨던 분이 이런 리더로 성장하셨다는 것에 깊이 존경합니다.

부사장님으로부터 아침마다 오는 편지는 자극적이거나 충격을 주는 내용이 아니었습니다. 읽고 나서 조용히 잠깐 고민하게 만드는 글이었습니다. 조용히 잠깐 하던 고민의 반복이 저의 '리더십 유아기'에 영향을 미친 것 같습니다. 저는 아직 초보 리더지만 많은 사람들이 부사장님으로부터 영향을 받은 것처럼 저도 앞으로 리더가 될 분들께 영향을 주고 있다고 생각합니다. 그 영향이 긍정적인 무엇인가가 될 수 있도록 부사장님이 주신 영감을 거울 삼아 저 스스로를 계속 돌아보겠습니다.

현대자동차 인사실장
장혜림으로부터

부사장님

재임 중 꿈꾸시던 '아침편지'를 엮어 후배 리더들을 위한 선물로 남기고자 하셨던 뜻을 실행에 옮기신다는 소식을 들었을 때, 그간 출간을 기다린 것이 헛되지 않았음을 감사했습니다.

저도 십여 년 동안 수천 통의 아침편지를 받아본 수신인 중 하나였겠지만, 유난히 부사장님 메일에 열광했던 이유를 돌이켜 보면, 부사장님께 신기(?)가 있으신 것이 아닌지 의심되었던 여러 차례의 경험 때문인 것으로 기억합니다.

특히, 신임 팀장이 되어 날마다 새로 접하는 위기 상황에 초연함을 잃기 일쑤였던 그 시절, 매일 아침 7시면 어김없이 도착했던 당시 사업부장님의 메일은 맞춤형 멘토링이라고 느껴질 만큼, 제 개인의 고민을 주제로 담고 있었기에 더 강렬한 기억으로 남아있습니다. '누구나 처음엔 그런거야' 하고 보듬어 주듯, 깊은 철학을 바탕으로 한 직관적이고 명쾌한 솔루션은 여전히 잠언처럼 마음 속에 깊이 새겨져, 이젠 후배 리더들을 위한 성장의 밑거름이 되고 있습니다.

개성과 강점이 각기 다른 후배들과 함께 하는 지금, 구성원들의 성장을 책임지는 역할의 엄중함을 느낄 때마다, 나다니엘 호손의 〈큰바위 얼굴〉 같은 부사장님의 발자취를 따라가는 스스로를 발견합니다. 그리고 어떤 성격의 조직을 리딩하든 예외없이 팬덤 층을 만드시는 차별적 리딩의 특별함이 어디에서 나오는지에 대한 근원을 찾게 됩니다.

어느 날 단도직입적으로 그 비결을 여쭤 보았을 때, 절대선에 대해 성찰할 수 있는 '신앙'과 유년 시절의 '사랑'에 관한 말씀을 주셨던 기억이 납니다. 당장의 성과보다 근본의 가치를 중시하고, 양심에 따라 정도를 걷는 것, 늘 성찰하며 한결같은 겸손함을 유지하는 자세, 그 어느 것 하나 여타의 리더들이 실천하기 어려운 모습들이지만, 가장 특별한 부분은 구성원 한 명 한 명이 특별한 존재임을 스스로 느끼게 해주는 '존재, 그 자체를 인정하는 힘'이라는 저만의 결론에 다다랐습니다.

'나를 키운 건 8할이 **이었다' 부사장님이 생각날 때면 자연스럽게 어느 시인의 글귀가 떠오릅니다. 누군가 회사란 무엇이냐고 묻는다면, 선배, 동료, 후배들이 주는 총합의 이미지로 인식할 만큼, 조직이란 사람 그 자체이고, 애사심이란 동료들을 소중히 여기고 생에 걸친 성장을 응원하는 마음이라는 것을 곁에서 배우고 실천해 나가고자 합니다.

제가 신입사원 때에 배치 면담하시던 유쾌한 젊은 과장님의 첫인상이 아직 생생한데, 어느덧 이십 년의 세월이 지나서 부사장님에 대한 기억을 나눌 수 있는 영광스러운 기회를 주셔서 새로운 감회와 무한한 기쁨을 느낍니다. 감사합니다.

2022.3.28. 남양연구소에서 영원한 멘터 장혜림 올림

현대자동차 본사부문 인사팀장
강경남으로부터

겨울이 끝나는가 싶더니, 갑자기 내린 눈에 기대했던 골프 약속도 취소가 되고, 며칠 동안 고민만 하고 시작도 못한 편지를 이제서야 시작해 봅니다. 아직은 봄이라고 하기엔 쌀쌀합니다. 이맘때면, 제 신입사원 시절이 생각납니다. 회사 생활의 선배님으로 영원할 것만 같았던 팀장님의 전출 소식이 떠오르네요.

2005년의 어느 쌀쌀한 저녁에, 청계산 고깃집에서의 환송 회식 자리. 팀장님이 회사를 옮긴다는 청천벽력 같은 소식을 듣게 되고, 앞이 보이지 않는 깜깜함에 닭똥 같은 눈물을 주룩주룩 흘렸습니다. 아마도 당시 회사에서 가장 젊었던 팀장님이었고, 그 기운에 팀원들이 끈끈한 팀웍으로 뭉쳤더랬죠. 일도 일이지만, 팀 분위기만큼은 가장 좋았던, 그 시절이 이제는 오지 않을 거라는 불안감이 가장 큰 이유였을 겁니다. 이제는 뵐 수도 없고, 더욱이 출근하면 아침마다 내 메일함을 따뜻하게 채워주었던 팀장님의 〈아침편지〉도 더 이상 받을 수 없다는 현실을 받아들여야 했었죠.

그때는 지금의 저보다도 한참 어린 나이였던 팀장님이셨는데, '저를 비롯한 팀원들의 마음을 어떻게 움직였을까' 하는 생각을 해보게 됩니다. 아침편지를 통해서 일상을 공유하고, 그 일상을 통해 공감이 되는 소통을 하니, '팀장님과는 얘기가 통하겠다'라고 생각이 들었던 건 아닌지.

일을 잘했던 시절도 아니었을 텐데, 장점을 찾아내서 칭찬도 하시면서, 마음에서 우러나오는 가르침을 느꼈기에, 일의 재미를 느꼈던 건 아닌지. 그래서인지 팀장님이 떠나신 지 한참 후에도 〈아침편지〉를 다시 꺼내어 메일에 답장하면서, '저도 팀장님과 비슷한 경험을 했다'고 자랑하고 싶고, '공감해 주세요'라고 어리광을 부렸던 건 아닌지.

그 〈아침편지〉의 제목이 '이맘때면 이런 생각이' 였네요.

15년이 훌쩍 지나버린 그때의 팀을 그리며 제가 그 팀장을 맡고 있습니다. 그 옛날 우리 팀 팀장님 중 한 분이 팀원들에게 매일 아침편지를 썼던 사실은 언젠가는 널리 알려지지 않을까 생각합니다. 아직은 바쁘다는 핑계로 팀원들에게 변변한 메일 한 통 보내지도 못했는데, 나중에라도 할 말이 조금이나마 있게, 저도 팀원들에게 아침편지를 한번은 써 보는 건 어떨지 생각도 해봅니다.

직장 생활에서 '이맘때면, 이런 생각이' 나게 해주는, 따뜻한 직장 선배이면서, 팀원이 성장하도록 기다려 주었던 팀장님으로, 이제 가끔은 저녁 회포도 풀고, 주말 산행도 같이 하는 이웃 형으로 계속 소중한 추억 계속되기를 바랍니다.

20년 전 신입사원이었던 후배 강경남 드림

현대자동차 인도법인 인사담당 상무
유진환으로부터

아침편지에 대한 답장을 하기 전에 나에 대해서 먼저 말해 봅니다. 나는 생각이 많은 사람입니다. 꼬리에 꼬리를 무는 생각을 이어가다 보면 결국 결론에 이르는 경우가 거의 없다는 게 문제입니다. 일명 의사결정장애인 상태로 직장생활을 시작하였습니다. 뭔가를 배우고 시킨 일을 하다 보면 여러 가지 의문이 머리를 채우기 시작합니다. 처음에는 새로운 것들에 적응하기 위해 생각의 연쇄가 짧게 짧게 끝이 나지만 익숙함이 가져다주는 잠시간의 여유는 다시 생각의 바다로 이끌어가곤 합니다.

이런 지극히 개인적인 이야기로 글을 시작하는 것은 과장님에게 받은 많은 영향들 중에서 이 부분이 가장 큰 도움이 되었기 때문입니다. 처음 과장님을 만난 것은 훨씬 이전이지만 직접 같이 일을 하기 시작한 건 1999년 7월부터입니다. 열심히 일하는 것이 전부이던 대리 시절, 담당 과장님으로 만나 업무뿐만 아니라 삶을 대하는 자세까지 영향을 받았습니다. 인생에 몇 안 되는 스승 같은 형님입니다. 아침 8시에 출근해서 정해지지 않은 퇴근시간까지 아니집에 가는 차편을 타기 전까지 같이 고민하고 분노(?)하고 웃고 마시고(항상 제일 먼저 출근하시지만 내가 집이 멀어서 누가 제일 먼저 출근하

는지 아는 데까진 오랜 시간이 걸림. 그저 그렇다고 하니까 그런 줄 알았음)

과장님에게 받은 영향의 첫 번째는 '내가 할 수 있는 것부터 하기'입니다. 저는 생각에 생각의 꼬리를 무는 통에 해야 하는 것, 하고 싶은 것, 할 수 있는 것들이 온통 뒤섞이곤 했고, 내가 세운 계획들은 종종 표류했습니다. 그러나 과장님은 그것보다는 구슬이 서말이라도 꿰어야 보배이고 그게 아니라도 쓰임새가 생긴다는 것을 타박 아닌 타박으로 다독여(?) 주었습니다. "너는 무슨 생각과 고민이 그리 많으냐"며 밥도 잘 사주셨고 그리고는 형수님을 배우자로 선택한 비결(궁금하면 개인적으로 물어봐 주심 감사)처럼 개인적인 이야기도 해주시며 마음을 터놓고 대해 주셨습니다.

둘째는 '결국 솔직함만이 남는다'는 교훈입니다. 직업상 다른 동료, 선후배를 만나 좋은 내용이나 힘든 내용을 전달하고 소통해야 할 때, 힘든 일일수록 포장하거나 과장하는 것은 상대방에 대한 예의가 아닐뿐더러 상처가 될 수도 있다는 경험이었습니다. "당신은 성과가 저조해 수행성과 개선이 안되면 회사를 떠나야 합니다"를 과연 어떻게 전달하는 것이 좋을지 말씀해 주셨습니다.

셋째는 '이렇게 인내심이 높은 사람도 있구나!'입니다. 과장님은 '새로운 경험이라 생각하고 참고 견디다 보면 진실은 드러나는구나!'를 몸소 보여주는 산 증인 그래서 어쩌면 무서운 사람입니다. 내게 사회생활과 직장생활의 모범이 무엇인지 보여주며 오랜 시간을 묵묵히 자신과 자신이 있어야 할 자리를 지키던 과장님은 2003년 2월 드디어 팀장이 되었고 리더가 되면 실행하겠다던 마음속의 계획을 시작하였습니다. 〈아침편지〉로 시작하는 아침은 팀원들에게 새롭고 특별한 경험을 선사하며 직장생활이 상사와 부하 간의 단순한 업무관계만은 아니라는 것을 보여주었습니다.

그날그날의 소소한 일상과 단상을 솔직함에 담아 출근한 팀원들이 잠시 마음과 생각을 정리하는 시간을 마련해 주셨습니다. 다소 어렵고 멀게 느껴지는 팀장의 생각을 엿볼 수 있게 하며 서로 간의 간극을 좁혀주고 문턱을 낮춰주었죠. 생김새와는 다른 세심함으로 전통적인 팀장이 아닌, 당신이 팀장이 되면 그리려던 모습을 솔직하게 보여주었습니다. 그리고 리더로서 역할이 끝날 때까지 꾸준히 당신의 생각을 나누며 보여줌으로써 그 많은 일상들이 후배들에게 스스로 성장하는 힘이 되었음에 감사드립니다.

옳고 그름보다는 진실된 자신을 보여주고 서로 다가설 수 있는 공간을 만드는 리더, 그 증거로 모아진 〈아침편지〉는 직장선배, 친한 형님, 인생스승이 쓴 자서전이 아닐까 합니다. 내가 받은 신의와 신뢰를 통해 사회생활에서 지금까지 성장한 원동력이 되었음에 다시 한 번 감사드립니다.

유진환 올림

현대자동차 디자인센터지원팀장
김정일로부터

장동철 사장님께,

    지금도 기억이 생생합니다. 2003년 인사팀장으로 보임 받으신 것이 만으로 40이 채 안되셨을 때였으니, 회사에서 가장 젊은 팀장이셨죠. 평소 소신을 가지고 행동하셨을 뿐만 아니라, 후배들에게도 모범적인 선배셨으니 후배들은 젊은 팀장님이 어떤 리더십을 보여주실지에 대해 무척 궁금했습니다.

    그런데, 팀장 첫날 아침, 팀장님으로부터 이메일이 도착했습니다. 어렴풋하긴 하지만, 첫 걸음을 내딛는 팀장으로서 긴장된 마음과 함께 열심히 하겠다는 약속을 팀원들에게 전하셨습니다. 반쪽 분량의 편지였던 것으로 기억합니다. 멋진 미사여구나 화려한 문장은 없었지만, 담담하고 소박하게 써 내려간 평범한 글이었습니다. 그런데 그 편지가 약 20년 가까이 매일 아침 함께하게 될 〈아침편지〉의 시작일 줄은 꿈에도 몰랐습니다.

    많은 직장인들은 상사의 속마음과 의중을 알고 싶어합니다. 상사의 마음을 정확히 꿰뚫고 있다면 그 조직에서 성공은 떼어놓은 당상이겠죠. 상사뿐이겠습니까? 사람들은 주변 사람들의 속마음을 알고 싶지만, 사람들은 자신의 속마음을 시원하게 잘 알려주지 않습니다. 그래서 '열길 물속은 알아도 한길 사람 속은 모른다' 고 하지 않습니까?

그런데 사장님은 후배들이 너무나도 알기 쉬운 분이셨습니다. 무려 20년 동안, 매일 아침 본인의 생각을 편지에 담아 후배들에게 고백하셨으니까요. 사장님의 편지를 받아보는 후배들은 사장님 인생의 소중한 가치가 무엇인지, 어떤 마음과 원칙으로 회사 일을 하시는지, 후배와 동료들을 어떤 생각으로 만나시는지 정확히 알고 있었습니다. 최근 조직문화의 가장 큰 화두 중 하나가 '상하간의 진솔하고도 열린 소통'이라는데, 사장님은 시대를 앞서 이미 20여년 전부터 후배들과 투명한 소통 활동을 하시고 계셨던 셈입니다.

시간이 지나면서 젊은 팀장님의 〈아침편지〉 구독자가 점점 늘어감과 동시에 문장도 아름다워져 갔고(20년을 한결같이 매일 글을 쓰는데 필력이 좋아지지 않을 사람이 누가 있겠습니까!) 그 안에 담겨있는 메시지는 주변에 더욱 깊게 남겨졌습니다. 비록 사장님의 퇴임과 동시에 〈아침편지〉로 하루를 시작하는 일상은 끝났지만, 사장님의 편지는 수많은 후배와 동료들에게 소리 없는 가르침으로 남아 있습니다

그런 면에서 사장님이 참 부럽습니다. 사장님의 편지를 읽고 성장한 후배들이 사장님을 닮기 위해서 노력하고 있으니까요. 그런 소중한 추억이 담겨 있는 편지가 책으로 발간된다고 하니 무척 설레고 기다려집니다. 지면의 한계로 인해 수천 편에 이르는 편지 중 극히 일부분만이 책에 담길 수밖에 없다는 사실이 안타까울 뿐입니다.

언젠가 사장님께 드렸던 편지에서 했던 고백을 다시 올리며

편지를 마칩니다. "저를 낳아주시고 성장시켜주신 분은 저의 부모님이시지만, 사회인으로 성숙하게 키워주신 분은 바로 장동철 사장님이십니다. 존경하고 사랑합니다!"

김정일 올림

현대모비스 미국법인 책임매니저
백승걸로부터

미국 주재원으로 부임한 지 어느덧 1년이 지났습니다. 새로운 환경에 적응하는 게 한 때는 삶의 원동력이었는데 어느덧 변화가 두렵고 현실에 맞춰가는 게 힘겨울 때가 있습니다. 그럴 때면 사장님의 〈아침편지〉가 문득 떠오릅니다. 정신 없이 돌아가는 직장생활, 반복되는 일상으로 인해 때로는 매너리즘에 빠질 때 〈아침편지〉는 제 마음의 양식이었습니다.

때론 전쟁터와 같은 치열한 직장에서 일에 쫓기고 사람에 지쳐갈 때 진솔한 마음과 이야기가 담긴 아침 메시지는 가문 마음에 촉촉한 단비와 같았습니다.

편지를 통해 저는 세상을 보는 시각, 사람을 대하는 자세, 위기상황을 풀어나가는 지혜 등을 배웠습니다. '사람마다 생각이 다르며 나와 생각이 같지 않은 것은 틀린 것이 아니라 다를 뿐'이라는 사장님의 가르침은 저에게 늘 울림이었고, 여러 해가 지나 여러 인종과 저마다의 가치관을 가진 사람들에 둘러 쌓여있는 지금의 제 상황에서도 항상 되새기는 문구이기도 합니다.

많은 리더들은 그럴 듯한 논리와 본인이 겪었던 경험이 성공담이 되어 자신의 세계에서 빠져나오지 못하는 모습이었습니다.

그러나 사장님은 직원들의 눈높이에서 존중과 배려를 실천하셨고 참고 기다려주셨습니다.

특히 직원 간담회에서 부드러운 말투로 직원들과 소통하는 사장님의 모습에 반해 닮고 싶고 배우고 싶었던 기억이 아직도 생생합니다. 그 많은 부하직원의 이름과 특징을 하나하나 기억하고 이름을 정겹게 불러주시던 사장님으로 인해 저희 직원들은 진심을 담아 열정적으로 일에 임할 수 있었습니다. 오랜만에 그때의 모습과 장면을 떠올리니 기분이 좋아집니다.

위기상황 속에서도 여유로움을 잃지 않는 마인드 컨트롤, 직원의 실수에도 오히려 호탕한 웃음으로 내일을 제시하는 넉넉함, 복잡한 것보다는 명료하되 일관성 있게 일을 진행하는 모습, 이 모든 것들이 사장님이 보여주신 리더십이었습니다.

'시대가 바뀌어도 변하지 않는 리더의 조건은 바로 비전을 제시할 줄 알아야 하고, 책임감이 있어야 하며, 공감능력을 갖추어야 한다, 그리고 가장 중요한 것은 좋은 성품을 지녀야 한다'는 사장님의 말씀을 지금 사장님의 목소리로 다시 한번 듣고 싶어지는 날입니다. 직급이 올라가고 직책을 맡게 되고 그로 인해 본인만의 리더십도 갖춰야 하는 리더들에게 〈아침편지〉는 나침반이 되어줄 것이라 믿습니다.

제가 그랬던 것처럼 이 책을 읽는 분들도 지혜를 얻으시고 진실과 마주하게 되실 것입니다.

앨라배마에서 백승걸 올림

제법 괜찮은 리더가 되고픈
당신에게

초판 1쇄 발행 2022년 11월 22일
초판 5쇄 발행 2023년 12월 28일

지은이   장동철
펴낸이   최익성

기획   이유림
책임편집   권정현
마케팅 총괄   임동건
마케팅   임주성, 김다혜, 김신혜, 이병철, 김원상
마케팅 지원   안보라
경영지원   임정혁, 이지원

펴낸곳   플랜비디자인
디자인   스튜디오사지

출판등록   제2016-000001호
주소   경기도 화성시 첨단산업1로 27 동탄IX타워 A동 3210호

전화   031-8050-0508
팩스   02-2179-8994
이메일   planbdesigncompany@gmail.com

ISBN   979-11-6832-039-0 03320